Amandine Barthés

Marie Curie
Une vie pour les sciences

Illustrations d'Ivan Canu

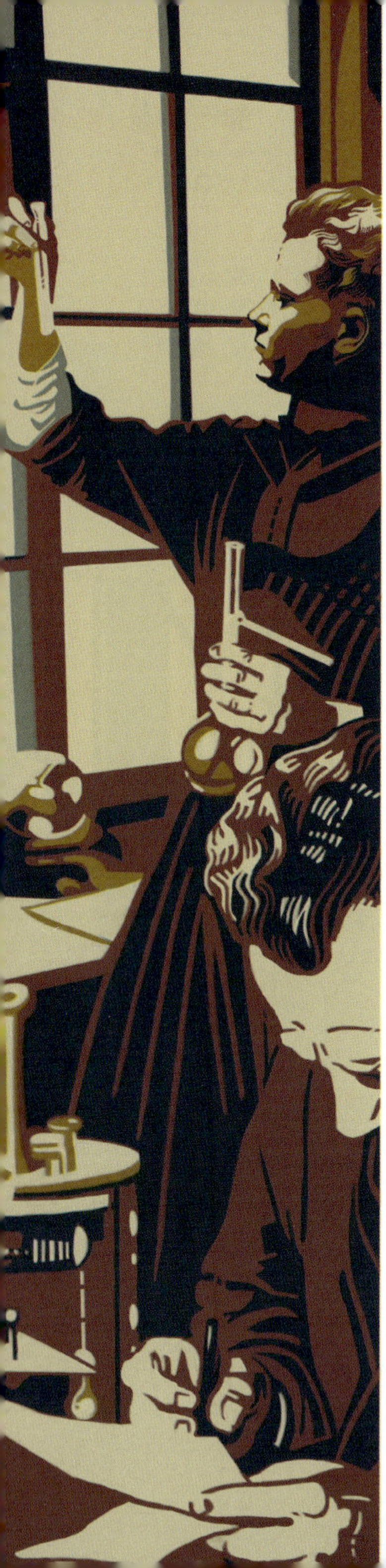

Member of CISQ Federation

CERTIFIED MANAGEMENT SYSTEM
ISO 9001

The design, production and distribution of educational materials
for the CIDEB (Black Cat) brand are managed in compliance
with the rules of Quality Management System which fulfils
the requirements of the standard ISO 9001

Secrétariat d'édition : Chiara Blau
Rédaction : Annalisa Martone
Conception graphique : Erika Barabino, Silvia Bassi,
                              Daniele Pagliari
Mise en page : Annalisa Possenti
Recherche iconographique : Alice Graziotin

Direction artistique : Nadia Maestri

Crédits photographiques :
Shutterstock; iStockphoto; Dreamstime; DeAgostini Picture
Library: 24h, 89h; Kean Collection/Archive Photos/Getty
Images: 24b; Universal History Archive/UIG/Getty Images:
26; Bettmann/Getty Images: 88; EMILIO SEGRE VISUAL
ARCHIVES/AMERICAN INSTITUTE OF PHYSICS/SCIENCE
PHOTO LIBRARY: 89c; Penelope Breese/Liaison/Getty
Images: b; NASA Photo/Alamy Stock Photo: 90.

Dans cette période de transition, l'éditeur a décidé de
respecter l'orthographe traditionnelle.

Pour toute suggestion ou information, la rédaction peut
être contactée à l'adresse suivante :

info@blackcat-cideb.com
blackcat-cideb.com

Imprimé en Italie par Italgrafica, Novara.

Sommaire

   LE TEXTE EST ENTIÈREMENT ENREGISTRÉ.

La famille Curie : Pierre et Marie avec leurs deux filles.

Avant de lire

Les découvertes scientifiques de Marie Curie sont indissociables de son histoire personnelle. Polonaise de naissance, française d'adoption, cette femme d'exception, deux fois prix Nobel, pionnière de la radioactivité, est une figure universelle de la science.

C'est à Varsovie que naît Marie Curie, alors Maria Sklodowska, le 7 novembre 1867, dans une famille de notables. C'est la petite dernière d'une fratrie de cinq enfants. Ses parents sont des personnes cultivées ayant un grand sens du devoir. Pour cette famille d'intellectuels patriotes, la vie est difficile dans la Pologne d'alors. En effet, au XIXᵉ siècle le pays est divisé, partagé entre la Russie, la Prusse et l'Autriche. Varsovie et sa région sont sous domination de l'Empire russe. Chaque jour, la russification s'intensifie. L'identité et la culture polonaises sont niées : il est interdit de parler polonais et les enfants apprennent le russe et l'histoire des tsars, sous le contrôle d'inspecteurs de l'éducation. L'accès à l'université est difficile et même interdit aux femmes. L'oppression est de plus en plus écrasante. Des milliers de résistants sont déportés en Sibérie et de nombreuses personnes fuient le pays.

Compréhension écrite

1 Lisez l'introduction, puis répondez aux questions ou cochez la bonne réponse.

1 Dans quel pays Marie Curie est-elle née ?
....

2 Combien a-t-elle de frères et sœurs ?
....

3 De quel milieu social provient-elle ?
a ☐ Paysannerie. b ☐ Prolétariat. c ☐ Bourgeoisie.

4 Quels sont les mots employés pour décrire ses parents ?
....
....

5 Comment vous semble la Pologne de l'époque ?
a ☐ Sous contrôle et réprimée.
b ☐ Fière et indépendante.
c ☐ Ruinée et en crise.

Sa jeunesse en Pologne

(1867-1891)

piste 02

À quatre ans, la petite Maria sait déjà lire. Comme ses frères et sœurs, Zofia, Jozef, Bronia et Helena, elle est très douée pour les études. Il faut dire que chez les Sklodowski, sa famille, l'enseignement passe avant tout. Entre un père professeur de physique et de mathématiques et une mère directrice d'école, Maria grandit dans une atmosphère intellectuelle très stimulante et rêve d'apprendre. Grâce à ses parents, elle se passionne pour les sciences, mais aussi pour la littérature et les langues étrangères. Tous les soirs, dans le salon, on lit à voix haute les grands classiques de la littérature européenne. Outre le russe obligatoire à l'école, on apprend le français et l'allemand à la maison, sans négliger le polonais. Mais Maria est surtout fascinée par les appareils de physique de son père.

Elle passe des heures dans son bureau à observer les tubes à essais, les cornues, les échantillons de minéraux, les balances de précision, les baromètres, les électroscopes[1].

Mais le bonheur familial dure peu. Deux drames assombrissent profondément l'enfance de Maria et plongent la famille Sklodowski dans une immense tristesse. En 1876, sa grande sœur est emportée par le typhus[2]. Deux ans plus tard, sa mère meurt de tuberculose[3]. Maria n'a même pas onze ans. Face à la douleur, elle se réfugie dans les études et entre au lycée avec deux ans d'avance. Les années passent et elle devient une élève modèle, première dans toutes les matières. Elle réussit brillamment et ses excellents résultats sont salués par tous les professeurs :

— Félicitations Maria ! Je vous remets votre diplôme de fin d'études secondaires avec une médaille d'or.

Voyant Maria triste et déprimée, fatiguée par les études, son père lui propose de longues vacances chez ses oncles à la campagne. Le grand air, les jeux avec ses cousins, la pêche, les baignades et les bals la rendent heureuse. Après cette année d'insouciance, elle revient à Varsovie et décide d'entreprendre des études supérieures scientifiques. Mais l'autorité russe rend son rêve impossible en Pologne.

— Il n'est pas question qu'on me prive d'université !

Avec Bronia, sa sœur aînée, elle suit alors des cours en secret, organisés le soir dans les « universités volantes », des associations clandestines pour les femmes n'ayant pas accès à l'enseignement supérieur. Plus motivée que jamais par cette expérience, Maria

---

1. **un tube à essai, une cornue, un échantillon de minéraux, une balance de précision, un baromètre, un électroscope** : instrumentation scientifique de laboratoire.
2. **le typhus** : grave maladie infectieuse donnant de la fièvre.
3. **la tuberculose** : grave maladie infectieuse qui touche le plus souvent les poumons.

souhaite désormais étudier dans une université officielle. La seule solution qui s'offre à elle est de partir étudier à l'étranger : à Paris, l'accès des femmes à l'université s'est généralisé. Bronia rêve d'entrer à la faculté de médecine tandis que Maria est attirée par la faculté de physique. Mais l'argent manque dans la famille Sklodowski. Les cours particuliers que Bronia et Maria donnent ne leur rapportent pas beaucoup, et leur père, à cause d'un mauvais investissement, n'a plus d'économies suffisantes pour financer leur rêve. C'est alors que Maria a une idée et propose un incroyable contrat à sa sœur Bronia :

— Je vais travailler comme gouvernante [4] et je t'enverrai mes économies pour que tu puisses suivre tes études de médecine à Paris.

— Mais pourquoi veux-tu te sacrifier pour moi, Maria ?

— Parce que quand tu seras médecin, tu m'aideras à ton tour !

En janvier 1886, Maria devient gouvernante chez les Zorawski, une riche famille de province, à 150 kilomètres au nord de Varsovie. Elle enseigne aux deux enfants de la famille et vit dans une grande solitude. Elle écrit à ses proches à Varsovie, ainsi qu'à sa sœur Bronia à Paris, à qui elle envoie régulièrement la moitié de sa paie. Pendant son temps libre, elle instruit également les enfants des paysans et des ouvriers d'une usine toute proche. Elle continue d'étudier les mathématiques et la physique et se familiarise notamment avec la chimie, grâce à des livres prêtés par les ingénieurs de l'usine.

Après trois longues années, physiquement et moralement fatiguée, elle rentre chez son père à Varsovie. Elle a rempli sa part

---

4. **une gouvernante** : une femme chargée de la garde et de l'éducation des enfants.

du contrat avec Bronia. À Paris, cette dernière a presque terminé ses études de médecine et s'est mariée avec Casimir, un médecin polonais ayant fui le pays en raison de ses opinions politiques. Dans sa dernière lettre, Bronia lui propose de venir chez eux à Paris :

« Ma chère Maria, dès l'an prochain tu pourras me rejoindre à Paris et t'installer chez nous. Je te promets que tu ne regretteras pas ta décision ! ».

À la stupeur de tous, Maria hésite et prend son temps pour réfléchir à son avenir. Grâce à un cousin chimiste, elle suit clandestinement des cours intensifs et parvient à s'introduire dans un laboratoire où elle tente des expériences décrites dans des traités de physique et de chimie. Elle se passionne de plus en plus pour la science et la recherche expérimentale. Elle n'entrevoit son futur qu'en France : c'est décidé, elle sera étudiante à la Sorbonne.

La gare de Varsovie grouille[5] de monde. Maria monte dans le train pour Paris. Un long voyage de trois jours l'attend.

— Ne t'en fait pas[6], papa, je reviendrai !

— Prends soin de toi ma chérie !

Un coup de sifflet retentit, et, dans un énorme nuage de vapeur, la locomotive démarre lentement. Maria sourit à son père, s'éloigne, rapetisse et finit par disparaître complètement derrière l'épais tourbillon de fumée rousse et noire.

---

5.   **grouiller** : être plein.

6.   **ne pas s'en faire** : ne pas s'inquiéter.

Après la lecture

Compréhension écrite et orale

1 DELF Écoutez et lisez le chapitre, puis cochez la ou les bonne(s) réponse(s).

piste 02

1 Quelle tragédie marque l'enfance de Maria ?

a ☐ La mort de ses parents.

b ☐ La mort de son frère.

c ☐ La mort de sa sœur et de sa mère.

2 Quel est le rêve de Maria et de sa sœur Bronia ?

a ☐ Faire des études supérieures scientifiques.

b ☐ Faire des études supérieures à l'étranger.

c ☐ Devenir gouvernantes.

3 Dans quelle ville, d'abord Bronia, puis Maria, vont-elles étudier ?

a ☐ Varsovie.   **b** ☐ Paris.   **c** ☐ Moscou.

Enrichissez votre vocabulaire

2 DELF Associez ces mots du chapitre à leur signification.

1 ☐ Un tube à essai.   **4** ☐ Une balance.

2 ☐ Une cornue.   **5** ☐ Un baromètre.

3 ☐ Un échantillon de minéraux.   **6** ☐ Un électroscope.

a Instrument qui sert à mesurer la pression atmosphérique.

b Récipient cylindrique long et étroit utilisé en chimie pour faire circuler des fluides.

c Instrument qui sert à détecter et mesurer la charge électrique d'un corps.

d Petite quantité de substances inorganiques.

e Récipient formé d'une partie arrondie et d'un col étroit, long et courbé, se terminant en pointe, dont on se sert pour la distillation.

f Instrument qui sert à peser, à mesurer la masse d'un corps.

Grammaire

Les adverbes de manière en -*ment*

Règle générale

Pour former un adverbe, on ajoute le suffixe **-ment** au féminin de l'adjectif.

amical → amical**e** → amical**ement**

Cas particuliers

• Quand l'adjectif se termine par **-i**, **-é**, **-u**, **-un**, on ajoute le suffixe **-ment** au masculin de l'adjectif.

vrai → vrai**ment**

• Quand l'adjectif se termine par **-ent** ou **-ant**, on ajoute, en général, le suffixe **-emment** ou **-amment**.

const**ant** → const**amment**

• Certains adjectifs ont un adverbe en **-ément**.

précis → précis**ément**

③ À partir des mots ci-dessous, formez des adverbes en -*ment*. Ces huit adverbes sont tous présents dans le chapitre.

1 régulier → ....
2 égal → ....
3 physique → ....
4 moral → ....

5 clandestin → ....
6 complet → ....
7 brillant → ....
8 profond → ....

Production écrite et orale

④ **DELF** Quelles sont les matières scolaires qui vous passionnent ? Détaillez votre intérêt pour chacune dans un bref exposé oral de deux minutes environ.

⑤ **DELF** Un ami hésite à partir à l'étranger pour ses études supérieures. Il vous écrit pour savoir ce que vous en pensez. Vous lui répondez (160 mots minimum).

Ses études à Paris

(1891–1894)

piste 03

Maria arrive en France en novembre 1891. Elle a vingt-quatre ans. C'est Casimir qui vient l'accueillir à la gare du Nord.

— Bienvenue à Paris ma chère belle-sœur !

Rassurée par le sourire jovial de son tout nouveau beau-frère, elle oublie la fatigue du voyage et se laisse conduire vers les grands boulevards, encombrée de tous ses bagages. Quelle n'est pas sa surprise en découvrant la ville ! Elle regarde tout autour d'elle, émerveillée par les larges avenues, les somptueux immeubles, les célèbres cafés, les boutiques éblouissantes. Elle et Casimir se fraient [1] un chemin dans la foule élégante. Maria a

---

1.   **se frayer** : avancer en évitant les obstacles.

du mal à suivre le pas pressé des Parisiens. Elle est fascinée par l'heureux tapage [2] des rues.

Les voitures à moteur roulent dans un grand fracas et affolent les chevaux, qui frappent du pied les pavés. Immergée dans un tourbillon bruyant et rapide, Maria n'entend pas les questions que lui pose Casimir. Tout à coup, elle se souvient de la fameuse tour de fer inaugurée deux ans plus tôt et dont tout le monde parle. Elle lève la tête pour essayer de la voir. Casimir, attendri, devine ce qu'elle cherche.

— Tu la verras demain la tour Eiffel ! D'ici, c'est impossible.

Bronia les attend avec impatience. Voilà plusieurs jours qu'elle prépare la venue de sa sœur. Tout est prêt pour héberger Maria dans leur appartement rue d'Allemagne, près de La Villette.

— Te voilà finalement à Paris !

L'étreinte entre les deux sœurs n'en finit plus. Les kilomètres qui séparent Paris de Varsovie n'ont en rien affaibli le lien indéfectible qui les unit. Elles passent l'après-midi à bavarder puis s'attablent autour d'une délicieuse soupe polonaise. Rattrapée par la fatigue, Maria s'allonge sur son lit et ferme les yeux. La voilà enfin en terre promise. Une nouvelle vie commence pour elle. Demain, elle ira s'inscrire à l'Université de Paris !

À l'entrée de la Sorbonne, Maria est folle de joie. C'est à son tour de s'inscrire.

— Quel est votre prénom ?

— Marie.

— Marie comment ?

— Sklodowska. Je suis polonaise.

2.　**le tapage** : bruit intense et tumultueux.

Comme toutes les jeunes filles de l'Est de l'époque, Maria francise[3] son prénom. Elle s'appellera désormais Marie Sklodowska. À force de détermination, son rêve s'est finalement réalisé : la voilà étudiante en sciences !

Chaque matin, ses cahiers sous le bras, elle prend l'omnibus[4] qui l'emmène à la Sorbonne. Sur la plateforme en plein air de l'impériale, elle observe les monuments, les marchands ambulants, les livreurs, la Seine et ses ponts. Elle aime l'atmosphère qui règne à Paris. Mais elle aime encore plus les bancs de l'université. Elle suit tous les cours en français. Même si elle le parle bien, il lui faut beaucoup de concentration pour comprendre ses professeurs. Elle doit aussi redoubler ses efforts car elle s'aperçoit vite qu'elle n'est pas au niveau des autres étudiants. Elle travaille dur et consacre tout son temps aux études.

Le soir venu, elle aimerait travailler plus, mais elle est souvent dérangée. Bronia et Casimir ont un rythme de vie très différent du sien : ils l'entraînent dans leurs innombrables sorties au théâtre ou aux concerts, ils adorent bavarder de longs moments avec elle, et ils reçoivent continuellement leurs amis polonais à la maison. Toute cette animation, aussi agréable soit-elle, ne l'enchante guère. Elle préfèrerait étudier au calme.

Au bout de cinq mois passés chez eux, malgré leur bonne entente, Marie décide de déménager dans une minuscule chambre à côté de l'université. Cela lui évite le long trajet journalier en omnibus, mais lui permet surtout de se consacrer à ses

---

3. **franciser** : donner un caractère français ou une forme française.

4. **un omnibus** :

études comme elle l'entend. Assoiffée de connaissances, elle s'épanouit dans son travail : cours à suivre, leçons à apprendre, approfondissements à la bibliothèque, révisions en vue des examens... Pendant des mois, elle se concentre pleinement sur ses études. Sa passion pour les sciences prévaut sur tout le reste. Elle travaille même la nuit, sacrifiant son repos et ses heures de sommeil. Afin de ne pas trop peser sur Bronia et Casimir, qui sont entre-temps devenus parents d'une petite fille et qui continuent à l'aider financièrement, elle économise le plus possible.

Elle mange peu, ne s'achète aucun vêtement et se chauffe au minimum. Courageuse, elle accepte cette vie monotone et solitaire sans broncher[5]. Son seul regret est de voir passer les jours si vite. À peine a-t-elle le temps de s'apercevoir du chemin accompli.

Sa persévérance et son travail universitaire assidu ne tardent cependant pas à porter leurs fruits. L'été 1893, Marie attend avec impatience les résultats de ses examens. Elle est l'une des rares femmes parmi les étudiants réunis dans l'amphithéâtre de la Sorbonne. Tous contiennent difficilement leur agitation. Dès l'entrée des professeurs, les bruits cessent. Le président du jury se lève et prend la parole.

— Mesdames et Messieurs, voici les résultats de la licence en sciences physiques.

Il attend un instant et promène son regard solennel sur la salle pleine.

— Première, Marie Sklodowska.

À l'appel de son nom, les applaudissements crépitent[6]. Marie, très droite, s'avance pour aller chercher son diplôme.

---

5.   **sans broncher** : stoïquement, avec courage et fermeté.
6.   **crépiter** : produire rapidement des bruits secs.

Par la suite, elle obtient une bourse d'étude réservée aux étudiants méritants. Cela lui permet de poursuivre son parcours. Elle décide alors d'étudier les mathématiques et suit les cours de professeurs de renom[7]. Elle travaille sans relâche[8] et décroche un an plus tard sa licence de mathématiques : elle est reçue deuxième de sa promotion. Comme à son habitude, elle reste modeste face à cette belle réussite.

Très impressionné par les qualités de Marie, notamment son aisance en laboratoire, un de ses professeurs, le célèbre physicien Gabriel Lippmann, la recommande en vue d'une recherche sur les propriétés magnétiques des aciers, financée par la Société d'encouragement pour l'industrie nationale.

À sa grande satisfaction, Marie peut alors intégrer le laboratoire de Lippmann.

Par un beau dimanche ensoleillé de printemps, Marie se rend chez Bronia et Casimir. Elle aime leur rendre visite, d'autant plus qu'elle est tatie[9] désormais ! Ce jour-là, un physicien polonais est également présent chez eux. Tous deux passionnés de sciences, ils ne tardent pas à engager la conversation. Marie lui parle de ses expériences au laboratoire et se livre à quelques confidences sur ses difficultés.

— Je manque de connaissances sur le magnétisme de la matière.

— Figurez-vous mademoiselle que je connais un spécialiste des lois sur le magnétisme !

— Ah bon ? De qui s'agit-il ?

— Pierre Curie. Il est actuellement professeur à l'École supérieure de Physique et Chimie de Paris. Je suis sûr qu'il pourra vous aider pour votre recherche.

---

7. **de renom** : célèbre.
8. **sans relâche** : sans interruption.
9. **tatie** : tante, dans le langage enfantin.

Après la lecture

Compréhension écrite et orale

1 DELF Écoutez et lisez le chapitre, puis remettez les phrases ci-dessous dans l'ordre chronologique de l'histoire.

piste 03

a ☐ Maria s'inscrit à l'université.
b ☐ Marie obtient sa licence de mathématiques.
c ☐ Maria arrive à Paris.
d ☐ Marie consacre tout son temps à ses études.
e ☐ Marie intègre le laboratoire du physicien Gabriel Lippmann.
f ☐ Marie suit ses premiers cours à la Sorbonne.
g ☐ Marie déménage et s'installe près de l'université.
h ☐ Maria est accueillie chez Bronia et Casimir.
i ☐ Maria transforme son prénom en Marie.
j ☐ Marie obtient sa licence en sciences physiques.

Enrichissez votre vocabulaire

2 Associez chaque mot à l'image correspondante.

a ☐ un boulevard   c ☐ une bibliothèque
b ☐ un amphithéâtre   d ☐ un laboratoire

ACTIVITÉS

3 DELF Choisissez le synonyme des mots soulignés.

1 Le sourire jovial de son tout nouveau beau-frère.
   a ☐ Triste.   b ☐ Joyeux.   c ☐ Franc.

2 Les voitures à moteur roulent dans un grand fracas.
   a ☐ Bruit.   b ☐ Silence.   c ☐ Précipitation.

3 À force de détermination, son rêve s'est finalement réalisé.
   a ☐ Volonté.   b ☐ Indécision.   c ☐ Peur.

4 Sa persévérance et son travail universitaire assidu ne tardent cependant pas à porter leurs fruits.
   a ☐ Force.   b ☐ Découragement. c ☐ Ténacité.

5 Il attend un instant et promène son regard solennel sur la salle pleine.
   a ☐ Sérieux.   b ☐ Triste.   c ☐ Gai.

Grammaire

Le conditionnel présent
Règle générale
Le conditionnel présent est formé du radical du futur suivi des terminaisons de l'imparfait **-ais, -ais, -ait, -ions, -iez, -aient**.
*Elle **préférerait** étudier au calme.*

Il permet d'exprimer :
• une éventualité, une probabilité ;   • un conseil ;
• un souhait, un désir ;   • une demande polie ;
• une proposition ;   • une information non confirmée.

4 Conjuguez les verbes entre parenthèses au conditionnel présent.

1 Tu (*pouvoir*) .... me faire voir la tour Eiffel, s'il te plaît ?
2 Marie étudie beaucoup, elle (*faire*) .... mieux de se ménager.
3 Nous (*pouvoir*) .... sortir au théâtre, qu'en penses-tu ?
4 Marie (*devoir*) .... approfondir ses recherches sur le magnétisme de la matière.
5 Le professeur Pierre Curie (*pouvoir*) .... peut-être l'aider.

20

Production écrite et orale

5 À l'oral. Vous imaginez le bref discours de remerciement que Marie Curie aurait pu adresser au jury lors de la remise de sa licence en sciences physiques.

6 **DELF** Vous racontez dans votre journal de voyage le souvenir d'une fois où vous avez découvert une ville qui vous a beaucoup plu (160 mots minimum).

Coin Culture

La Sorbonne

La Sorbonne est l'université la plus connue de France. Elle est située dans le Ve arrondissement de Paris, dans le Quartier Latin. Sa fondation remonte au XIIIe siècle. Elle doit son nom à son fondateur, le théologien Robert de Sorbon. Au XVIIe siècle, le cardinal de Richelieu en devient proviseur et entreprend de grands travaux de rénovation. La Sorbonne s'agrandit, se modernise et acquiert un prestige international, jamais démenti depuis. À la fin du XIXe siècle, sous la troisième République, la Sorbonne, bâtiment principale de l'Université de Paris, devient le lieu privilégié de la connaissance. Lors des événements de mai 1968, la Sorbonne est au cœur des manifestations étudiantes et devient un symbole de la contestation.

D'après le site de la Chancellerie des Universités de Paris

Lisez le texte, puis dites si les affirmations suivantes sont vraies (V) ou fausses (F). Ensuite, corrigez les fausses.

		V	F
1	La Sorbonne a été fondée au Ve siècle.	☐	☐
2	La Sorbonne est située dans le Quartier Latin.	☐	☐
3	La Sorbonne n'est connue qu'en France.	☐	☐
4	La Sorbonne est un symbole de la contestation estudiantine de mai 68.	☐	☐

Paris au XIXᵉ siècle

Une ville moderne

Dans la deuxième moitié du XIXᵉ siècle, Paris est l'objet de grandes modernisations urbanistiques. Napoléon III souhaite embellir la ville, la rendre plus agréable, et confie cette mission au baron Haussmann. Grâce à lui, en l'espace de vingt ans, la capitale se métamorphose complètement et prend son visage d'aujourd'hui. Il entreprend de grands travaux pour agrandir, aérer et surtout assainir[1] la ville. Les rues sombres et étroites laissent la place à de larges avenues, à de grands boulevards et à de lumineuses places. Grâce à ces nouvelles voies publiques, les Parisiens, toujours plus nombreux, circulent facilement. Les logements insalubres sont détruits et remplacés par de beaux immeubles : l'immeuble « haussmannien » est le modèle de référence. La lumière est installée dans les rues, les habitations sont approvisionnées en eau potable et

---

1.   **assainir** : faire disparaître les causes d'insalubrité.

reliées à un système d'égouts[2], et le ramassage des poubelles est organisé. Des parcs et des espaces verts sont également créés pour améliorer la qualité de l'air. Paris devient une ville moderne, propre et lumineuse, où il fait bon vivre.

Un exemple d'immeuble « haussmannien ».

Une métropole cosmopolite

Avec la révolution industrielle, Paris devient une terre d'accueil pour les provinciaux mais aussi pour de nombreux Européens en quête d'une nouvelle vie. Dans cette ville extraordinaire, toutes les nationalités se fréquentent sans problème. Enfin, Paris ne manque pas d'attraits pour les artistes. Peintres, musiciens et acteurs sont attirés par les nouveaux quartiers de la ville, comme Montmartre ou Montparnasse.

---

2. **un égout** : réseau de canalisations souterraines permettant d'évacuer les eaux usées.

Place du Tertre, avec ses célèbres caricaturistes, dans le quartier de Montmartre.

Une capitale prestigieuse

Paris a un statut emblématique. D'une part, il s'agit de la capitale culturelle de l'élite européenne, d'autre part, c'est une métropole à la tête d'une grande puissance et d'un vaste empire colonial.

En 1855 et en 1867, deux grandes expositions universelles étalent aux yeux du monde le prestige du Second Empire. À la fin du XIXe siècle, aucune capitale européenne ne peut égaler Paris.

L'expo universelle de 1889 voit la construction de la tour Eiffel : désormais la ville a son symbole et est au centre de tous les regards.

La tour Eiffel à l'expo universelle de 1889.

Compréhension écrite

1 **Lisez le dossier, puis répondez aux questions ou cochez la bonne réponse.**

1 Quel est le but des grands travaux entrepris par le baron Haussmann ?

....

....

2 En combien de temps ces grands travaux ont-ils été effectués ?

....

....

3 Par quoi les logements insalubres ont-ils été remplacés ?

....

....

4 Quelles ont été les mesures prises pour assainir la ville ?

a ☐ La construction de larges avenues, de grands boulevards et de lumineuses places.

b ☐ L'installation de lumières dans les rues.

c ☐ Le rattachement des habitations à l'eau potable et aux égouts ainsi que le ramassage des poubelles.

5 Pourquoi parle-t-on de Paris comme d'une ville « cosmopolite » ?

....

....

6 Quels sont les quartiers des artistes de l'époque ?

....

....

7 Pourquoi Paris est-elle une ville prestigieuse ?

....

....

8 À quoi ont contribué les différentes expositions universelles ?

a ☐ À agrandir la ville.

b ☐ À faire rayonner le prestige de la ville.

c ☐ À faire connaître la ville.

9 Que représente la tour Eiffel pour Paris ?

....

....

2 Lisez ces définitions et retrouvez les mots dans le dossier.

1 Un .... est une large voie urbaine.

2 La .... est une profonde transformation des sociétés sous l'effet des progrès techniques et du développement de l'industrie.

3 L' .... français est l'ensemble des territoires d'outre-mer colonisés et administrés par la France du XVIe siècle au XXe siècle.

4 À leur création à la fin du XIXe siècle, les .... étaient des événements qui servaient à mettre en avant les progrès industriels et le prestige national d'un pays.

3 Lisez les deux brefs textes. Lequel résume le mieux le dossier ?

A ☐

Dans la seconde moitié du XIXe siècle, Paris devient l'incarnation urbaine de la modernité. À cela s'ajoute son étonnant cosmopolitisme et son prestige international, aussi bien culturel que politique.

B ☐

Dans la seconde moitié du XIXe siècle, Paris engage d'immenses dépenses pour redorer son image. De nombreux Européens viennent visiter la ville et ses beaux monuments, comme la tour Eiffel.

piste 04

Sa vie avec Pierre Curie

(1894–1902)

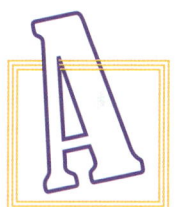

u moment de leur rencontre, Pierre Curie a trente-cinq ans, soit huit ans de plus que Marie. C'est un savant très doué, déjà connu pour ses travaux. Comme elle, il est passionné par la recherche scientifique. Dès leur premier échange, Marie tombe sous son charme. Fascinée par son allure et son regard clair, elle ne peut s'empêcher de penser à lui. Leur entente est immédiate. Leurs conceptions se rejoignent dans de nombreux domaines et Marie admire sa dévotion totale à la science. De plus, son indifférence aux biens matériels et aux honneurs le rend à ses yeux particulièrement attachant[1]. Ils se voient régulièrement, Pierre venant souvent rendre visite à Marie dans sa minuscule chambre.

---

1. **attachant** : qui retient fortement l'attention et l'intérêt.

Pendant des heures, ils parlent de leurs projets et de leurs rêves scientifiques. Très vite, l'alchimie opère et leur amitié se mue en amour.

Lors des vacances d'été, Marie part en Pologne rendre visite à son père. Une fois ses études terminées, c'est là qu'elle rentrera pour travailler en tant qu'enseignante. De son côté, Pierre vit très mal cette séparation temporaire et n'imagine pas un instant passer le reste de sa vie sans elle. Il la courtise alors intensément pour s'assurer de son retour à Paris. Fou amoureux, il lui écrit de longues lettres : « *Cela me ferait beaucoup de peine, si vous ne reveniez pas* ». Face à l'indécision de Marie, qui ne peut se résoudre à quitter pour toujours sa chère Pologne, il se montre encore plus entreprenant : « *Ne vaudrait-il pas mieux que vous restiez avec moi ?* » et ajoute « *Ce serait pourtant une belle chose à laquelle je n'ose croire, que de passer la vie l'un près de l'autre, hypnotisés dans nos rêves : votre rêve patriotique, notre rêve humanitaire, et notre rêve scientifique* ». Revenue à Paris entre-temps, elle cède à sa demande un an plus tard. Elle épouse Pierre le 26 juillet 1895 et devient Marie Curie, au terme d'une discrète cérémonie à la mairie.

Un nouveau chapitre de sa vie s'ouvre alors. Désormais, elle est mariée à un savant français et sa destinée est auprès de lui à Paris. Elle et Pierre s'installent dans un petit appartement, rue de la Glacière, et poursuivent leurs activités. Pierre continue d'enseigner à l'École supérieure de Physique et Chimie tandis qu'elle prolonge ses études, tout en s'occupant de son nouveau foyer [2]. En 1896, elle passe l'agrégation [3] de mathématiques afin

---

2. **un foyer** : lieu où demeure la famille, le milieu familial.
3. **l'agrégation** : concours qui permet d'être professeur dans l'enseignement secondaire et supérieur.

de pouvoir enseigner dans un lycée de jeunes filles. Mais elle n'enseigne pas tout de suite car un heureux événement vient changer sa vie l'année suivante.

— C'est une fille, Pierre !

— Appelons-la Irène, lui murmure-t-il à l'oreille.

Peu de temps après la naissance de leur fille, Marie et Pierre s'installent dans une nouvelle maison, rue Kellermann. Eugène Curie, le père de Pierre, veuf depuis peu, emménage avec eux. C'est lui qui s'occupe d'Irène pendant que Marie publie son étude sur les propriétés magnétiques des aciers en 1898. Dans la foulée[4], elle décide de préparer une thèse de doctorat. Mais quel sujet de thèse choisir ?

— Pierre, que penses-tu des rayons uraniques qui viennent d'être découverts par Becquerel[5] ?

— Très peu de physiciens s'intéressent à cette découverte. Cela pourrait être un excellent sujet !

C'est décidé, elle étudiera ces mystérieux rayonnements. Mais encore lui faudrait-il un laboratoire pour mener les expériences nécessaires à son travail de thèse... Pierre insiste auprès de son directeur et arrive à obtenir un petit hangar abandonné dans la cour de l'école où il enseigne, rue Lhomond. L'endroit est en très mauvais état, mais Marie s'en accommode parfaitement.

Pour commencer, elle cherche s'il existe d'autres éléments qui, comme l'uranium, émettent des rayonnements. Grâce à un appareil électrométrique mis au point par Pierre, elle analyse un à un des échantillons de minéraux. Elle s'aperçoit alors que le thorium produit lui aussi des rayons. Ces rayonnements

---

4. **dans la foulée** : juste après.

5. **Becquerel** : Henri Becquerel, physicien qui, en 1897, a découvert que l'uranium émet un rayonnement, sans susciter toutefois l'intérêt du monde scientifique.

spontanés l'intriguent de plus en plus et elle décide de baptiser
« radioactivité » cet étrange phénomène.

Ce matin-là, comme à son habitude, Marie embrasse Irène et
file à son laboratoire. Toute son attention est monopolisée par la
pechblende, un minerai qui présente une radioactivité anormale.

— C'est incroyable ! La pechblende est encore plus radioactive
que l'uranium ou le thorium !

Mais quel est donc cet élément inconnu qui émet un
rayonnement si puissant ? Intrigué par cette découverte, Pierre
ne tarde pas à abandonner ses recherches personnelles pour
participer activement aux travaux de sa femme. Pour démontrer
l'existence de cet élément nouveau, il faut qu'ils parviennent
à l'isoler. Pendant des mois, ils écrasent des échantillons de
pechblende, séparent ses composants, et les soumettent à des
procédés d'analyse chimique. C'est un travail long et répétitif, qui
pourtant les passionne.

En juillet 1898, ils parviennent enfin à identifier l'élément
inconnu : Marie le nomme « polonium » en hommage à son cher
pays. Mais les Curie ne sont pas au bout de leurs surprises !
Quelques mois plus tard, en décembre, ils identifient une nouvelle
substance, encore plus radioactive que le polonium : le « radium ».

Leurs fabuleuses découvertes ne sont pourtant que théoriques.
Pour convaincre la communauté scientifique, il leur faut des
preuves. Ils doivent obtenir du radium pur afin de l'analyser. Un
travail colossal les attend. En effet, le radium est présent dans la
pechblende en très petite quantité. Pour obtenir un gramme de
radium pur, ils devront traiter des tonnes de minerai.

— Mais comment allons-nous faire, Marie ? La pechblende est
très chère ! Et où allons-nous la stocker ?

— J'ai ma petite idée…

Marie sait que l'Empire austro-hongrois exploite une mine de pechblende pour produire le célèbre cristal de Bohême. Elle demande alors aux professeurs de l'Académie des sciences de Vienne de les aider à obtenir des résidus [6] de minerai. Connaissant l'importance des travaux des Curie, les Académiciens usent de leur influence auprès de l'État et assurent une fourniture ininterrompue de résidus de pechblende. S'agissant de résidus, ils leur sont généreusement offerts par le gouvernement autrichien. Les Curie doivent seulement financer le transport vers Paris. Leur joie est immense.

Pendant quatre longues années, les livraisons de pechblende se succèdent. Les Curie traitent des tonnes de minerai. Il s'agit d'un travail épuisant d'autant plus qu'à l'époque personne ne connaît les effets négatifs de la radioactivité. Malgré la fatigue et les douleurs, les Curie s'acharnent avec enthousiasme. « *Nous vivions comme dans un rêve* », écrira Marie en se souvenant de cette période de sa vie.

En juin 1902, ils obtiennent finalement un décigramme de radium pur. C'est officiel : le radium existe !

---

6.   **un résidu** : ce qui reste après une opération physique ou chimique, une transformation industrielle.

ACTIVITÉS

Après la lecture

Compréhension écrite et orale

1 **DELF** Écoutez et lisez le chapitre, puis répondez aux questions.

piste 04

   1 Quelle est la passion commune de Marie et Pierre ?

   2 Qu'est-ce que Marie admire chez Pierre ?

   3 Quel métier Marie envisage-t-elle de faire après ses études ?

   4 Quand Marie et Pierre se marient-ils ?

   5 Où Pierre enseigne-t-il ?

   6 Comment Marie et Pierre prénomment-ils leur fille ?

   7 Dans quelle rue se trouve le premier laboratoire de Marie ?

   8 Comment appelle-t-elle les rayonnements spontanés émis par l'uranium et le thorium ?

   9 Comment appelle-t-elle les deux éléments radioactifs qu'elle découvre avec Pierre ?

  10 Que devront faire les Curie pour obtenir un gramme de radium pur ?

Enrichissez votre vocabulaire

2 Relisez le chapitre et retrouvez le contraire des mots ci-dessous.

   1 nul ≠ ....

   2 sombre ≠ ....

   3 intérêt ≠ ....

   4 immense ≠ ....

   5 certitude ≠ ....

   6 timide ≠ ....

   7 éclatante ≠ ....

   8 connu ≠ ....

   9 varié ≠ ....

  10 officieux ≠ ....

Grammaire

L'expression de l'opposition et de la concession

L'opposition

• **mais**

*L'endroit est en très mauvais état, **mais** Marie s'en accommode parfaitement.*

• **alors que / tandis que + indicatif**

*Bronia rêve d'entrer à la faculté de médecine **tandis que** Maria est attirée par la faculté de physique.*

La concession

• **pourtant / cependant**

*Leurs fabuleuses découvertes ne sont **pourtant** que théoriques.*

• **malgré + nom ou pronom**

***Malgré** la fatigue et les douleurs, les Curie s'acharnent avec enthousiasme.*

3 Soulignez la proposition qui convient.

1 Pierre est un savant connu *alors que / pourtant / malgré* Marie ne l'est pas encore.

2 *Mais / Malgré / Cependant* son amour pour Pierre, Marie hésite à quitter pour toujours sa Pologne.

3 Marie passe l'agrégation de mathématiques *tandis qu' / mais / malgré* elle n'enseigne pas tout de suite.

4 La découverte de Becquerel est sensationnelle *alors qu' / cependant / malgré* elle n'intéresse pas les physiciens.

5 Pierre ne voit pas de solution *tandis que / malgré / pourtant* Marie a sa petite idée pour se procurer la pechblende.

6 Cette période a été épuisante pour les Curie *alors qu' / tandis qu' / pourtant* ils s'en souviennent avec bonheur.

Production écrite

4 DELF « *Nous vivions comme dans un rêve* ». Vous racontez dans votre journal intime une expérience personnelle de votre choix inspirée par cette phrase (160 mots minimum).

piste 05

La reconnaissance de ses découvertes

(1903–1905)

epuis 1900, Marie est professeur de physique à l'École normale supérieure de jeunes filles de Sèvres, près de Paris. Bien sûr, ce poste lui fait perdre du temps dans ses recherches, mais elle est fière de s'imposer dans l'enseignement supérieur. Elle est la première femme à obtenir un tel poste ! Son salaire améliore aussi ses conditions de vie, car le seul salaire de Pierre ne suffisait pas tout à fait. Tous deux vivent cependant loin des considérations matérielles. Ils ne brevèteront d'ailleurs jamais leurs découvertes : en effet, ils estiment qu'elles doivent être librement accessibles à tous et croient aux bienfaits de la recherche scientifique pour l'humanité.

Le 25 juin 1903, Marie soutient sa thèse de doctorat en sciences physiques à l'Université de Paris. Elle présente toutes les étapes de ses travaux sur les substances radioactives et obtient la mention « Très honorable ». Tout le monde se presse dans l'amphithéâtre de la Sorbonne. C'est un événement : pour la première fois en France, une femme est docteur en sciences. Sa sœur Bronia, rentrée vivre en Pologne avec Casimir, revient à Paris pour l'occasion. C'est elle qui pousse d'ailleurs Marie à s'acheter une robe neuve pour sa soutenance.

Le radium intéresse beaucoup le monde scientifique qui ne tarde pas à honorer les Curie. Peu de temps après, ils reçoivent une invitation de la *Royal Society* de Londres. Les Académiciens de cette prestigieuse institution souhaitent leur décerner la médaille Davy pour récompenser leurs travaux. Pierre se rend seul à Londres car Marie, enceinte à nouveau, doit se reposer. Mais la consécration suprême arrive de l'Académie des sciences de Stockholm. Un matin de novembre 1903, Pierre reçoit un télégramme lui annonçant qu'il est pressenti avec Henri Becquerel pour le prix Nobel[1] de physique. Il insiste auprès du comité Nobel suédois pour que Marie soit aussi nommée : « *Dans le cas où il serait vrai que l'on songe sérieusement à moi, je désirerais beaucoup que l'on me considère comme solidaire avec Mme Curie dans mes recherches sur les corps radioactifs* ». Le 10 décembre 1903, le prix Nobel de physique est attribué conjointement à Henri Becquerel et Pierre et Marie Curie pour leur découverte de la radioactivité. Marie est la première femme à recevoir ce prestigieux prix. Elle est honorée par cette reconnaissance.

Cette annonce déchaîne la presse qui cherche à en savoir plus sur ce couple de scientifiques. Les journaux du monde entier ne

---

1. **prix Nobel** : Albert Nobel, l'inventeur de la dynamite, avait créé, en 1900, un prix Nobel dans cinq disciplines : physique, chimie, littérature, médecine et paix. Cette récompense était déjà très prestigieuse à l'époque.

parlent plus que d'eux. Marie et Pierre sont constamment sollicités pour des interviews et des photos et reçoivent des centaines de lettres. Leur vie quotidienne est bouleversée par cette agitation médiatique et par les mondanités auxquelles ils sont constamment invités. Marie souffre de cette soudaine popularité. La gloire n'est vraiment pas faite pour elle.

— Je ne supporte plus cette pression ! Comme j'aimerais pouvoir me cacher sous terre pour avoir la paix…

À l'automne 1904, Pierre obtient un poste de professeur de physique à la Sorbonne. En tant que professeur titulaire, un laboratoire est mis à sa disposition, rue Cuvier. Quant à Marie, elle est nommée chef de travaux du laboratoire. Désormais, les Curie s'intéressent aux applications de leurs découvertes à des fins médicales. C'est ainsi que naît la « curiethérapie », une nouvelle méthode de soin des tumeurs. En effet, le radium permet de brûler les tissus cancéreux, tout en laissant repousser la peau saine.

L'année 1904 les épuise. En décembre, la naissance d'Ève, leur deuxième fille, leur offre une douce parenthèse au beau milieu de ce tumulte médiatique. Ce n'est pourtant que le début. Il leur faudra bientôt aller chercher le prix Nobel en Suède et prononcer un discours lors de la cérémonie officielle. En juin 1905, Marie et Pierre font le voyage jusqu'à Stockholm. Quitter Paris leur fait le plus grand bien ! Le grand air du Nord les revigore [2] tous deux. Dans son discours, Pierre met en avant le rôle de Marie et met en garde sur les utilisations futures du radium :

« *On peut concevoir encore que dans des mains criminelles le radium puisse devenir très dangereux, et ici on peut se demander*

---

2. **revigorer** : donner des forces.

si l'humanité a avantage à connaître les secrets de la nature, si elle est mûre pour en profiter ou si cette connaissance ne lui sera pas nuisible. L'exemple des découvertes de Nobel est caractéristique, les explosifs puissants ont permis aux hommes de faire des travaux admirables. Ils sont aussi un moyen terrible de destruction entre les mains des grands criminels qui entraînent les peuples vers la guerre. Je suis de ceux qui pensent, avec Nobel, que l'humanité tirera plus de bien que de mal des découvertes nouvelles ».

Si l'on pense aux conséquences de la découverte des Curie, son discours ne pouvait être plus prémonitoire. En effet, la radioactivité ne tardera pas à ouvrir la voie à la physique nucléaire, puis à l'énergie nucléaire, indispensable pour fabriquer des armes nucléaires dès la Seconde Guerre mondiale.

Une fois rentrés à Paris, les Curie investissent dans leur laboratoire la belle somme d'argent qui accompagne le prix Nobel et reprennent leur vie simple.

Après la lecture

Compréhension écrite et orale

 1 DELF Écoutez et lisez le chapitre, puis soulignez l'option correcte.

piste 05

1 Marie *refuse / obtient* un poste de professeur à l'École normale supérieure de jeunes filles de Sèvres.

2 Marie soutient sa thèse de doctorat et devient la *première / deuxième* femme docteur en sciences.

3 Marie et Pierre *reçoivent / déclinent* une distinction de la prestigieuse *Royal Society* de Londres.

4 Marie est la première femme à recevoir un prix Nobel, elle est *blasée / honorée* par cette récompense.

5 Marie *apprécie / déteste* sa toute nouvelle popularité et *subit / savoure* sa gloire.

6 Pierre est titularisé à la Sorbonne en tant que professeur de *physique / mathématiques*, tandis que Marie est nommée *assistant / chef* de travaux du laboratoire.

7 Les Curie se *moquent / se soucient* des considérations économiques liées à leurs découvertes. Ils aiment leur vie *simple / fastueuse*.

Enrichissez votre vocabulaire

2 Retrouvez les verbes à partir des substantifs.

1 Un brevet : ....

2 Un honneur : ....

3 Une récompense : ....

4 Un désir : ....

5 Une attribution : ....

6 Une sollicitation : ....

7 Une souffrance : ....

8 Une brûlure : ....

9 Une offre : ....

10 Un investissement : ....

Grammaire

L'expression de la comparaison

Exprimer...	une supériorité	une infériorité	une égalité
avec un adjectif	*Pierre est **plus** doué que les autres savants.* *C'est lui **le plus** doué.*	*Ce poste est **moins** prestigieux que les autres.* *C'est le poste **le moins** prestigieux.*	*Marie est **aussi** connue que Pierre.*
avec un nom	*Marie a **plus de** diplômes que n'importe quelle femme de son époque.* *C'est elle qui a **le plus de** diplômes.*	*Marie a **moins** d'aisance que les autres nobélisés.* *C'est la nobélisée qui a **le moins** d'aisance.*	*Marie a **autant** de crédibilité que Pierre.*
avec un verbe	*Marie travaille **plus que** Pierre en laboratoire.*	*Les Curie parlent **moins que** les autres scientifiques.*	*Marie s'investit **autant que** Pierre.*

3 Relisez le chapitre et retrouvez un superlatif de supériorité.

....

Production écrite et orale

4 DELF D'après vous, quels sont les avantages et les inconvénients de la célébrité ? Exprimez votre point de vue personnel dans un bref exposé de deux minutes environ.

5 DELF « *Je suis de ceux qui pensent, avec Nobel, que l'humanité tirera plus de bien que de mal des découvertes nouvelles* ». Êtes-vous de l'opinion de Pierre Curie ? Donnez votre avis personnel sur cette réflexion (160 mots minimum).

CHAPITRE 5

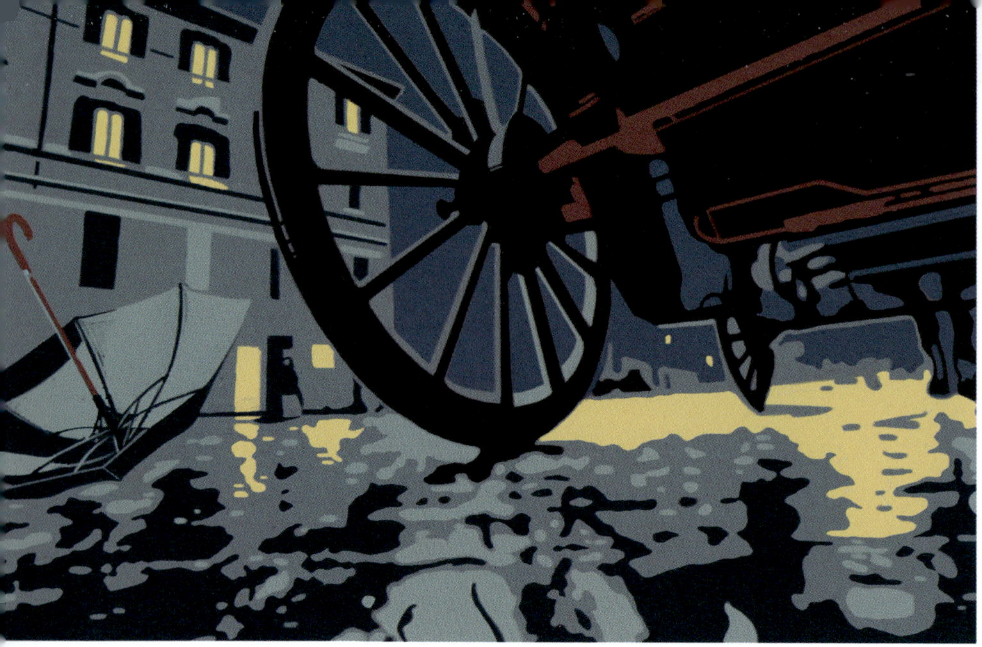

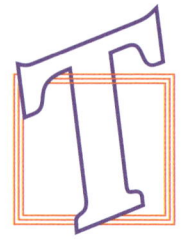

Sa vie après l'accident

(1906-1910)

piste 06

Tous les week-ends, Marie et Pierre se ressourcent au calme dans la vallée de Chevreuse. Voilà deux ans qu'ils louent une belle et grande maison avec vue sur la forêt. Au milieu de la verdure [1], ils oublient leur vie parisienne et profitent de leur famille. Irène et Ève grandissent bien. Elles gambadent [2] au grand air et font beaucoup d'activité physique.

Un week-end d'avril 1906, Pierre rentre plus tôt sur Paris pour travailler, tandis que Marie et ses filles restent un jour de plus à la campagne. Il assure ses cours du lundi matin puis va déjeuner avec quelques collègues de la faculté. À sa sortie du restaurant, comme

1. **la verdure** : végétation (plantes, herbes, feuilles).
2. **gambader** : se déplacer en faisant des petits pas.

il pleut, il ouvre son parapluie et traverse la rue précipitamment. Absorbé dans ses pensées, il n'aperçoit pas une voiture à cheval qui arrive droit sur lui à vive allure. Renversé par les chevaux, il tombe et sa tête heurte[3] une roue. Pierre meurt sur le coup, il a quarante-six ans. Les premiers témoins se précipitent autour de la victime qui gît[4] dans un bain de sang. Un agent de ville fouille[5] ses poches et découvre son identité :

— Mon Dieu, il s'agit de Pierre Curie, le célèbre scientifique !

Le premier prévenu du drame qui vient d'avoir lieu est le responsable de la faculté des sciences, Paul Appell. Avec son confrère Jean Perrin, il se rend chez les Curie pour leur annoncer la terrible nouvelle. Sous le choc, Marie sent le sol s'échapper sous ses pieds. Tétanisée[6], elle refuse de croire à cet accident.

— Mon Pierre est mort ? Êtes-vous sûr qu'il soit vraiment mort ?

Tout près d'elle se tient Eugène Curie, le père de Pierre, profondément bouleversé lui aussi. Incapable de prononcer un mot, il enlace ses petites-filles comme pour les protéger du chagrin qu'elles devront apprendre à surmonter. Les heures qui suivent sont atroces. On ramène le corps de Pierre boulevard Kellermann et on restitue à Marie les objets trouvés sur lui. Son désespoir est incommensurable. Le lendemain, l'arrivée de Jacques, le frère de Pierre, est un soulagement pour elle. Ensemble, ils restent près de lui et pleurent. La famille entière est terrassée[7].

La nouvelle de la mort accidentelle de Pierre Curie est sur la

---

3. **heurter** : entrer brutalement en contact avec quelque chose ou quelqu'un.
4. **gît** : 3ᵉ personne du présent de l'indicatif du verbe *gésir*, qui signifie « être étendu sur le sol, sans mouvement ».
5. **fouiller** : explorer avec soin et minutieusement pour trouver quelque chose.
6. **tétaniser** : paralyser sous l'effet de l'étonnement.
7. **terrasser** : abattre physiquement ou moralement et laisser sans possibilité de réagir.

première page de tous les journaux. Face à l'absurdité de cet accident, la consternation est totale. L'émotion de la communauté scientifique du monde entier ne tarde pas à se faire sentir et Marie reçoit de nombreux messages de condoléances. Elle refuse des funérailles nationales et organise l'enterrement de Pierre dans la plus stricte intimité, comme il l'aurait sûrement souhaité.

Veuve, Marie doit désormais faire face à son désespoir et apprendre à vivre sans son cher Pierre. Soutenue par la famille Curie, par sa famille polonaise et par ses amis, elle tente de faire bonne figure après cette tragédie. Elle se doit de tenir le coup pour ses filles, qui sont si jeunes. Pour ne rien laisser paraître, elle écrit un journal, dans lequel elle parle à Pierre sous forme de lettres : « *Mon Pierre, la vie est atroce sans toi, c'est une angoisse sans nom, une détresse sans fond, une désolation sans limites* ».

Dans un premier temps, elle décide de déménager à Sceaux, dans la maison familiale des Curie. Son beau-père Eugène se montre très dévoué envers elle et ses petites-filles. Elle embauche aussi une gouvernante polonaise pour veiller sur Irène et Ève. Mais l'ambiance est triste dans la maison.

Marie se réfugie dans le travail et se rend tous les jours dans leur laboratoire, rue Cuvier : « *Cher Pierre que je ne reverrai plus ici, je veux te parler dans le silence de ce laboratoire, où je ne pensais pas avoir à vivre sans toi* ». Anéantie [8], elle a non seulement perdu l'amour de sa vie mais aussi son compagnon de travail. Toutefois, dotée d'une extraordinaire force de volonté, elle se plonge à corps perdu dans ses travaux de recherche. Durant cette période de

---

8.   **anéantir** : jeter quelqu'un dans la consternation, le désespoir.

deuil [9], elle s'entoure d'une équipe plus nombreuse et se consacre à isoler le radium sous la forme de métal. De même, un comité international lui confie la réalisation d'un étalon [10] de mesure de la radioactivité. Cet outil permettra de contrôler les produits industriels développés à base de radium et aidera également les laboratoires pour les applications médicales du radium.

La disparition de Pierre laisse aussi un grand vide à l'Université de Paris. La chaire [11] qu'il occupait à la Sorbonne avait été spécialement créée pour lui. Paul Appell, le responsable de la faculté des sciences, ne voit pas par qui le remplacer. Seule Marie serait qualifiée, mais jusqu'à présent aucune femme n'a jamais été nommée professeur à la Sorbonne et encore moins chef de laboratoire. Sans hésiter, le Conseil de la faculté des sciences rompt avec la tradition et propose à Marie la succession de Pierre. Elle accepte le poste, par souci de continuité scientifique : « *On m'offre de prendre ta succession, mon Pierre. J'ai accepté. Je ne sais si c'est bien ou si c'est mal. Tu m'as souvent dit que tu aurais voulu que je fasse un cours à la Sorbonne. Puis, je voudrais faire au moins un effort pour continuer les travaux* ».

En novembre 1906, elle s'apprête à donner son premier cours à la Sorbonne. L'amphithéâtre est plein à craquer : des étudiants bien sûr, mais aussi des journalistes et des curieux. Il faut dire que c'est un événement historique : Marie est la première femme professeur d'université en France ! Accueillie par de longs applaudissements, elle reste impassible et commence son cours tout simplement, à l'endroit exact où Pierre l'avait laissé. Le public est ému mais elle ne lui adresse aucun mot particulier. Elle reste digne, pourtant

---

9. **un deuil** : douleur éprouvée suite au décès de quelqu'un.
10. **un étalon** : modèle légal permettant de définir une unité de mesure.
11. **une chaire** : poste de professeur à l'université.

elle confiera plus tard à son journal : « *Tu aurais été heureux de me voir professer à la Sorbonne, et moi-même je l'aurais volontiers fait pour toi. Mais le faire à ta place, mon Pierre, pouvait-on rêver une chose plus cruelle, et comme j'en ai souffert, et comme je suis découragée* ».

Sans Pierre, Marie assure seule l'éducation de leurs filles. Les programmes de l'école française ne lui plaisent pas du tout. C'est pourquoi elle décide d'organiser une coopérative d'enseignement avec ses collègues de la Sorbonne. À tour de rôle, ils donnent à leurs propres enfants des cours dans leur spécialité. Cette brillante initiative dure deux ans. Irène obtient en 1909 son certificat d'études primaires tandis qu'Ève développe son don inné pour le piano.

En février 1910, la mort d'Eugène Curie plonge à nouveau la famille dans un profond chagrin. Il était très âgé, c'est vrai, mais depuis la disparition de Pierre, il était le seul soleil de Marie et ses filles. Décidément, la vie se montre cruelle.

Après la lecture

Compréhension écrite et orale

1 Associez un fait à chaque personnage.

1	☐ Marie Curie	**a**	Il meurt de vieillesse.
2	☐ Pierre Curie	**b**	Elle a un don pour le piano.
3	☐ Jacques Curie	**c**	Il soutient Marie dans l'épreuve.
4	☐ Eugène Curie	**d**	Il annonce la terrible nouvelle à Marie.
5	☐ Irène Curie	**e**	Il meurt dans un dramatique accident.
6	☐ Ève Curie	**f**	Elle obtient son certificat d'études primaires.
7	☐ Paul Appell	**g**	Elle se réfugie dans le travail.

piste 06

2 **DELF** Écoutez et lisez le chapitre, puis dites si les affirmations sont vraies (V) ou fausses (F). Ensuite, corrigez les fausses.

                                                              V **F**

1 Les Curie passent tous leurs week-ends au vert, hors de Paris. ☐ ☐

....

2 Pierre est renversé par une voiture à moteur. ☐ ☐

....

3 Les journaux n'ont pas parlé de la mort de Pierre. ☐ ☐

....

4 Les funérailles de Pierre sont grandioses. ☐ ☐

....

5 L'ambiance est triste dans la maison familiale des Curie. ☐ ☐

....

6 Marie est la première femme professeur d'université en France. ☐ ☐

....

7 Irène et Ève vont à l'école publique française. ☐ ☐

....

ACTIVITÉS

Enrichissez votre vocabulaire

3 **Associez à chaque expression sa signification.**

1 ☐ Se ressourcer au calme.
2 ☐ Être absorbé dans ses pensées.
3 ☐ Mourir sur le coup.
4 ☐ Sentir le sol s'échapper sous ses pieds.
5 ☐ Faire face.
6 ☐ Faire bonne figure.
7 ☐ Tenir le coup.
8 ☐ Se plonger à corps perdu.
9 ☐ Rompre avec la tradition.

a Supporter une épreuve.
b Briser les anciennes habitudes.
c Ne pas reculer devant une situation compliquée.
d Être occupé à réfléchir.
e S'impliquer totalement dans un projet.
f Trouver de nouvelles forces loin de l'agitation.
g Se montrer sous son meilleur jour.
h Décéder tout de suite.
i Avoir l'impression de ne plus rien contrôler.

Production écrite et orale

4 **DELF** La disparition soudaine d'une célébrité vous a-t-elle déjà marqués ? Parlez de votre réaction et de vos émotions dans un bref exposé oral de deux minutes environ.

5 **DELF** *« Mon Pierre, la vie est atroce sans toi, c'est une angoisse sans nom, une détresse sans fond, une désolation sans limites ».* Imaginez la suite de la première lettre que Marie Curie écrit à son défunt mari dans son journal (160 mots minimum).

Sa renommée internationale

(1911–1913)

piste 07

En début d'année 1911, la presse publie la candidature de Marie Curie à l'Académie des sciences. Cela fait grand bruit car jamais une femme n'a osé postuler[1]. Marie se serait bien passée[2] d'une telle candidature, mais plusieurs scientifiques de son entourage ont insisté.

— Enfin Marie, tu t'imagines les avantages de cette élection pour ton laboratoire ?

Cette élection se déroule dans un climat très néfaste. La presse, qui jusque-là vantait les mérites scientifiques de Marie et regrettait son veuvage précoce, se montre particulièrement dure envers elle. Elle est traitée d'étrangère et suscite une haine

---

1. **postuler** : se porter candidat.
2. **se passer** : s'abstenir.

populaire incompréhensible. Certains journaux insinuent même qu'elle n'a jamais rien fait toute seule, qu'elle n'a toujours été que la modeste collaboratrice de son mari. La polémique enfle[3] et fait naître de nombreux débats politiques quant à la présence des femmes dans une telle institution : conservateurs catholiques et progressistes s'affrontent avec virulence. C'est finalement Édouard Branly, l'inventeur de la télégraphie sans fil, qui obtient le siège à l'Académie, avec une majorité de deux voix seulement. Fatiguée par les attaques et déçue par ce refus, Marie se replonge dans son travail avec une seule obsession : faire avancer la recherche sur la radioactivité.

Voilà maintenant cinq ans que Pierre a disparu. Peu à peu, la vie a repris le dessus, tant bien que mal. Récemment, Marie s'est rapprochée d'un ami de longue date, Paul Langevin. Comme elle, c'est un scientifique passionné. Bien qu'il soit marié et père de famille, elle trouve à ses côtés un grand réconfort. Quant à lui, malheureux auprès de sa femme et de sa belle-famille, il apprécie les moments passés avec elle. Marie le comprend parfaitement et leur entente est fusionnelle. Pendant quelques mois, elle entretient une liaison secrète avec lui. Elle prend un grand risque, car à l'époque l'adultère est sévèrement puni. Mais qu'importe ! Elle est amoureuse et elle décide de vivre pleinement cette passion clandestine. Elle et Paul se rencontrent aussi souvent que possible dans un petit appartement qu'ils louent sous un faux nom. Ce petit « chez eux » lui ouvre à nouveau les portes du bonheur. Rajeunie et visiblement apaisée, Marie profite de son jardin secret. Mais « l'affaire Langevin » ne tarde pas à éclater...

3.　**enfler** : augmenter de volume.

En novembre 1911, Marie, tout comme Paul, est invitée à Bruxelles, au premier Congrès Solvay[4]. Cette rencontre exceptionnelle réunit l'élite scientifique internationale pour la toute première fois. Autour d'une table, une vingtaine de savants discutent des problèmes de la physique moderne. Parmi eux, Max Planck, Walther Nernst, Ernest Rutherford, Henri Poincaré et le jeune Albert Einstein, avec qui Marie sympathise immédiatement. Incontestée dans son domaine, Marie confirme lors de ce congrès sa stature de scientifique internationale.

Une fois le congrès terminé, Marie fait la une de tous les journaux, non pas pour son activité scientifique, mais pour sa relation illicite avec Paul Langevin. Leur histoire d'amour est étalée[5] dans toute la presse et provoque un scandale retentissant. Alors que le couple Langevin était pourtant séparé depuis longtemps, Marie est accusée d'être une briseuse[6] de ménage, une séductrice diabolique. La presse à scandale recueille les confidences de l'épouse trompée et va même jusqu'à publier une lettre de Marie adressée à Paul. Son intimité est offerte aux yeux de tous. Pire encore, la presse nationaliste s'empare[7] de l'affaire et parle de Marie comme d'une sale étrangère cherchant à ruiner une bonne famille française. Face à ce déchaînement de violence, Marie prend peur, d'autant plus qu'une foule hostile manifeste devant chez elle et lance des pierres contre ses fenêtres.

---

4. **Congrès Solvay** : ce tout premier congrès scientifique international porte le nom de son bienfaiteur, Ernest Solvay, un chimiste et industriel belge. Depuis, les Congrès Solvay sont devenus une institution majeure des sciences physiques.
5. **étaler** : exposer.
6. **un briseur** : personne qui rompt les liens qui existaient, fait cesser l'unité et l'accord dans un couple ou un groupe.
7. **s'emparer** : utiliser quelque chose à son profit.

— Dehors l'étrangère ! À bas la voleuse de maris !

Choquée, elle se réfugie chez une amie avec ses filles, le temps que le scandale passe. Face à cette déplorable situation, son ami Albert Einstein lui écrit quelques mots de réconfort : « *Très chère Madame Curie !* [...] *Je suis tellement furieux de la façon dont les canailles osent ainsi réagir contre vous qu'il me faut absolument donner libre cours à mes sentiments.* [...] *Je considère que j'ai de la chance de vous avoir rencontrée personnellement à Bruxelles. Je serai toujours reconnaissant d'avoir parmi nous des gens comme vous — aussi bien que Langevin —, des êtres humains authentiques, en la compagnie desquels on peut se réjouir. Si la populace continue à s'occuper de vous, ne lisez plus ces torchons. Laissez-les aux vipères pour lesquelles ils ont été fabriqués* ».

Tandis qu'une certaine presse continue de salir la réputation de Marie, l'Académie des sciences de Stockholm lui décerne un second prix Nobel, pour elle seule, en chimie cette fois. Du jamais vu ! Marie est la première personne, et toujours l'unique femme, à avoir reçu deux prix Nobel. Certaines personnes lui conseillent de reporter sa venue en Suède pour recevoir le prix. Ce à quoi elle répond : « *Je considère que je n'ai aucun reproche à m'adresser, si ce n'est d'avoir trop oublié mon intérêt en toute circonstance.* [...] *Le prix m'a été décerné pour la découverte du radium et du polonium. J'estime qu'il n'y a aucun rapport entre mon travail scientifique et les faits de vie privée* ». Le 10 décembre 1911, accompagnée de sa sœur Bronia et de sa fille Irène, Marie reçoit le prix Nobel de chimie à Stockholm et rend un hommage appuyé à Pierre Curie lors de son discours. Le monde entier salue son génie scientifique et l'excellence de ses travaux sur la radioactivité. Marie cloue

le bec[8] à ses détracteurs. La campagne de diffamation[9] à son encontre cesse enfin et « l'affaire Langevin » est définitivement relayée au second plan.

Mais Marie ne sort pas indemne de ce scandale. Découragée, elle renonce à son histoire avec Paul Langevin. À bout de nerfs après les événements qu'elle vient de vivre, elle tombe gravement malade et doit être hospitalisée. Au début de l'année 1912, elle subit une lourde opération des reins. Les médecins ne comprennent pas d'où vient ce mal mystérieux qui la ronge[10] : les terribles effets des radiations auxquelles elle est constamment exposée dans son laboratoire ne sont pas encore connus. Après une longue convalescence auprès d'amis scientifiques, en France comme à l'étranger, elle revient à Paris en octobre et emménage dans un nouvel appartement avec ses filles, quai de Béthune. Après un an d'absence, elle retrouve enfin son cher laboratoire, rue Cuvier.

---

8. **clouer le bec** : faire taire par une réponse péremptoire, catégorique (fam.).

9. **une diffamation** : affirmation d'un fait pouvant porter atteinte à l'honneur de quelqu'un.

10. **ronger** : détruire progressivement.

Après la lecture

Compréhension écrite et orale

🔊 **piste 07**

❶ DELF Écoutez et lisez le chapitre, puis cochez les phrases qui correspondent à l'histoire.

1

a ☐ En 1911, Marie postule à l'Académie des sciences.

b ☐ En 1911, Marie postule au premier Congrès Solvay.

2

a ☐ Lors de l'élection, la presse se réjouit de la candidature d'une femme telle que Marie.

b ☐ Lors de l'élection, Marie est victime d'une féroce campagne de presse.

3

a ☐ Cinq ans après la disparition de Pierre, Marie épouse Paul Langevin.

b ☐ Cinq ans après la disparition de Pierre, Marie entretient une liaison secrète avec Paul Langevin.

4

a ☐ Fin 1911, Marie fait la une de tous les journaux grâce à sa stature de scientifique internationale.

b ☐ Fin 1911, Marie fait la une de tous les journaux à cause de sa liaison illicite avec Paul Langevin.

5

a ☐ Parallèlement, Marie se voit décerner son second prix Nobel.

b ☐ À cause du scandale de « l'affaire Langevin », Marie est contrainte de refuser son prix Nobel.

6

a ☐ En 1912, Marie est en pleine forme, revigorée par son second prix Nobel.

b ☐ En 1912, Marie connaît de graves ennuis de santé, liés, sans qu'on ne le sache encore, aux effets des radiations.

Enrichissez votre vocabulaire

2 DELF Choisissez le synonyme des mots soulignés.

1   Sa renommée internationale.
   a ☐ Aisance.   b ☐ Notoriété.   c ☐ Connaissance.

2   Un climat très néfaste.
   a ☐ Mauvais.   b ☐ Bon.   c ☐ Excellent.

3   Les mérites scientifiques de Marie.
   a ☐ Défauts.   b ☐ Qualités.   c ☐ Travers.

4   La modeste collaboratrice de son mari.
   a ☐ Bête.   b ☐ Importante.   c ☐ Simple.

5   Un grand réconfort.
   a ☐ Soutien.   b ☐ Découragement.   c ☐ Commodité.

6   Leur entente est fusionnelle.
   a ☐ Superficielle.   b ☐ Intime.   c ☐ Difficile.

7   Sa stature de scientifique internationale.
   a ☐ Force.   b ☐ Maigreur.   c ☐ Valeur.

8   Un scandale retentissant.
   a ☐ Silencieux.   b ☐ Gros.   c ☐ Discret.

9   Cette déplorable situation.
   a ☐ Horrible.   b ☐ Opportune.   c ☐ Réjouissante.

10   Un hommage appuyé.
   a ☐ Fort.   b ☐ Vital.   c ☐ Discret.

Production écrite et orale

3 DELF À l'époque, la présence d'une femme dans les hautes sphères du monde scientifique était inconcevable pour l'opinion. Qu'en est-il aujourd'hui ? Donne ton opinion dans un bref exposé oral de deux minutes environ.

4 DELF Comme nous avons pu le voir jusqu'à présent, Marie Curie se plonge dans son travail dès qu'elle est triste ou dans la tourmente. Et vous, comment réagissez-vous dans ces situations ? Répondez dans un texte de 160 à 180 mots.

Les applications de la radioactivité

L'énergie nucléaire

Depuis la découverte de la radioactivité, on sait qu'une énorme quantité d'énergie est contenue dans le noyau des atomes d'uranium. Il s'agit de l'énergie nucléaire. Dans les centrales nucléaires, cette énergie est transformée en électricité grâce à la fission nucléaire : les atomes se séparent pour former des atomes plus petits, libérant ainsi de l'énergie. Outre la production d'énergie électrique, d'autres secteurs utilisent l'énergie nucléaire, entre autres : la santé (médecine nucléaire), l'agriculture (transformation d'eau salée en eau potable, élimination de certains parasites), l'industrie (métallurgique, aérospatiale) et l'armement (bombe atomique).

Une centrale nucléaire.

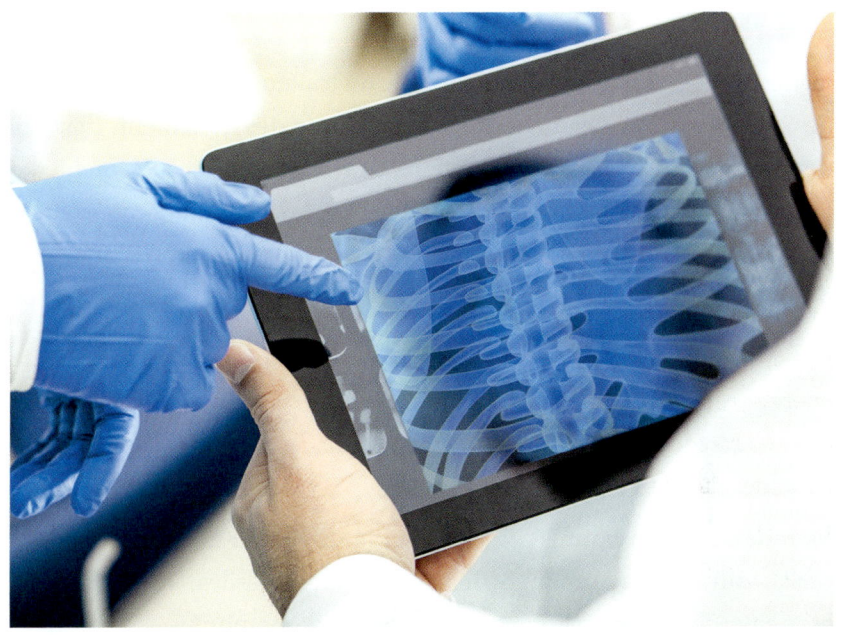

Une radiographie visualisée sur une tablette.

L'imagerie médicale

La découverte de la radioactivité a bouleversé le monde de la médecine avec notamment la mise en place de la radiographie. La radiographie est une photographie, réalisée au moyen de rayons X, qui permet de voir l'intérieur du corps en deux dimensions. Son usage médical est d'une grande utilité en orthopédie, pour visualiser le squelette, mais aussi chez le dentiste, pour visualiser les dents. Depuis, les technologies d'imagerie médicale n'ont cessé d'évoluer (scanner, IRM, échographie, résonance magnétique, etc.). Aujourd'hui, toutes ces techniques offrent des images tridimensionnelles du corps humain. Les tissus, les organes, leurs mouvements, les cellules, les terminaisons nerveuses et presque toute l'anatomie peuvent être visualisés sur un écran informatique. Le corps humain n'a presque plus de secret !

La lutte contre le cancer

La découverte du radium est à l'origine du traitement par radiothérapie des malades du cancer. La radiothérapie est un des traitements majeurs des cancers, aux côtés de la chirurgie et des traitements médicamenteux. Le principe de la radiothérapie consiste à exposer les cellules cancéreuses à des rayonnements de radium afin de les détruire. Après une série d'irradiations, les cellules saines reprennent le dessus. Aujourd'hui, le radium n'est bien sûr plus utilisé à cause de ses effets secondaires. On se sert de l'iridium ou du césium radioactifs.

La datation des roches, des fossiles et des minéraux

La radioactivité a permis d'avoir une idée réelle du temps géologique, c'est-à-dire de savoir l'âge des roches, des fossiles, des minéraux et même de la Terre. Pour cela, on utilise de nombreuses techniques complexes, basées sur des phénomènes radioactifs.

Un fossile.

– La datation au carbone 14 : cette méthode repose sur la mesure de l'activité radiologique du carbone 14 présent dans la matière organique.

– La datation par le potassium-argon : cette méthode repose sur la mesure de la quantité de potassium et d'argon présente dans un échantillon de roche.

– La datation par l'uranium-thorium : cette méthode repose sur la désintégration de l'uranium en thorium et permet de mesurer l'âge de certaines formations d'origine animale comme le corail.

Compréhension écrite

1 **Lisez le dossier, puis dites si les affirmations sont vraies (V) ou fausses (F). Ensuite, corrigez les fausses.**

		V	F
1	L'énergie nucléaire est l'énergie présente dans le noyau des atomes d'uranium.	☐	☐
	....		
2	L'énergie nucléaire sert seulement à produire de l'énergie électrique.	☐	☐
	....		
3	La radiographie est une technique d'imagerie médicale qui utilise les rayons X pour obtenir une photo de l'intérieur du corps.	☐	☐
	....		
4	La radiothérapie est une technique médicale qui repère les cellules cancéreuses par rayonnement.	☐	☐
	....		
5	Le temps géologique permet de connaître la taille des roches, des fossiles, des minéraux.	☐	☐
	....		

2 Relisez attentivement le dossier et citez :

1   un secteur qui utilise l'énergie nucléaire, outre la production électrique : .... ;

2   une technologie d'imagerie médicale récente : .... ;

3   une méthode de traitement du cancer, outre la radiothérapie : .... ;

4   une technique de datation des roches, des fossiles et des minéraux : ....

Production écrite et orale

3 L'énergie nucléaire est au cœur de nombreux débats de société. Pour certains, cette énergie, propre et sûre, est la seule qui puisse subvenir à notre consommation croissante d'électricité. Pour d'autres, le nucléaire présente de trop grands risques pour la santé et l'écologie. Et vous, qu'en pensez-vous ? Discutez-en en classe.

4 Faites une recherche sur Internet sur les datations géologiques ou archéologiques célèbres. Présentez ensuite une datation de votre choix en une quinzaine de lignes.

....
....
....
....
....
....
....
....
....
....
....
....
....
....
....

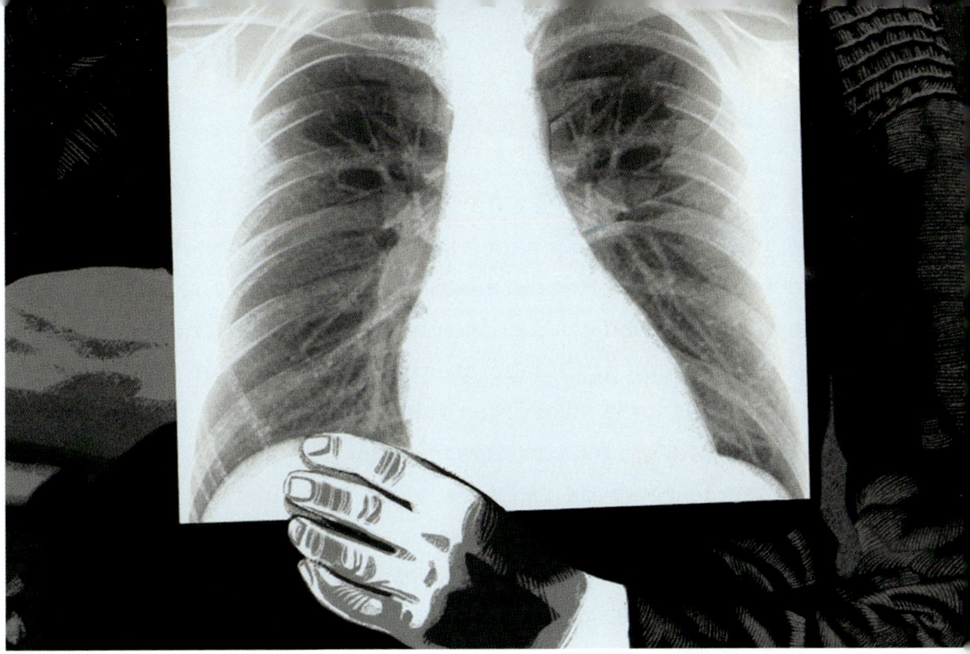

Son rôle pendant la Grande Guerre

(1914–1918)

arie est impatiente. Les travaux de son tout nouveau laboratoire sont quasiment terminés, après presque deux ans qu'elle surveille le chantier et supervise la construction des lieux. Bientôt, l'Institut du Radium ouvrira ses portes. Elle et Pierre ont tant rêvé d'un grand laboratoire, adapté à leurs travaux sur la radioactivité ! Grâce aux financements de l'Université de Paris et de l'Institut Pasteur[1], leur rêve va enfin devenir réalité. Fin juillet 1914, les nouveaux locaux sont prêts. Marie dirigera le laboratoire de recherches

piste 08

---

1. **Institut Pasteur** : institution privée créée en 1887 par le scientifique Louis Pasteur, ayant pour vocation la recherche médicale.

de physique et de chimie sur la radioactivité, tandis que le docteur Claudius Régaud s'occupera du laboratoire consacré aux applications médicales et biologiques. Elle doit encore organiser le déménagement du laboratoire de la rue Cuvier, après quoi, le personnel pourra investir les nouveaux espaces et poursuivre son activité. Marie a mille projets en tête !

Mais le cours de l'Histoire vient bousculer l'inauguration de l'Institut du Radium et les grands projets de Marie : début août, la guerre est déclarée et la mobilisation générale est ordonnée par le président de la République. Tous les collaborateurs de Marie sont appelés au front pour combattre. Son tout nouveau laboratoire est désert et ses recherches scientifiques interrompues. Elle écrit à ses filles, restées en vacances en Bretagne chez des amis : « *Les choses ne vont pas très bien et nous avons tous le cœur gros et l'âme inquiète* ».

Les premières semaines de conflit sont dramatiques. Les combats sont très violents et on dénombre des centaines de morts et de blessés. Soucieuse, Marie prend des nouvelles de son entourage et écrit de nombreuses lettres. Plusieurs de ses collaborateurs ont déjà perdu la vie. Comme beaucoup de femmes, elle souhaite s'engager et se rendre utile à sa patrie d'adoption. Elle sait que ses connaissances scientifiques sont essentielles en temps de guerre, elle pense en particulier à la radiologie pour l'examen des blessés. En effet, les appareils radiologiques permettent de repérer les fractures mais aussi de localiser précisément les balles et les éclats d'obus[2], en vue de leur extraction par un chirurgien.

---

2. **un obus** : projectile explosif.

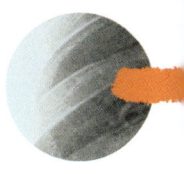

— Mais comment puis-je passer à l'action ? Je connais bien les rayons X mais je ne sais pas me servir du matériel radiologique médical. Je vais en parler avec le docteur Béclère [3].

Auprès du professeur Béclère, Marie se familiarise avec la technique de l'examen radiologique. Parallèlement, elle recense les appareils radiologiques disponibles dans les laboratoires et met en place une équipe de manipulateurs bénévoles, qu'elle forme à son tour, selon les indications de Béclère. Son idée est simple : elle souhaite installer des appareils radiologiques dans les hôpitaux de guerre. Elle obtient une autorisation du ministère de la Guerre et devient directrice du service de radiologie de la Croix-Rouge [4]. Mais les hôpitaux sont loin des zones de combat. Marie est persuadée qu'il ne faut pas déplacer les blessés et qu'il vaudrait mieux les soigner au plus près du front, pour limiter les risques d'infection.

— C'est un service radiologique ambulant qu'il faudrait ! Mais comment organiser cela ? Les moyens de l'armée ne sont pas suffisants.

Marie ne se décourage pas et se rend auprès de toutes les personnes riches qu'elle connaît pour les convaincre de prêter leur voiture. Déterminée, elle fait tout ce qui est en son pouvoir pour trouver des financements qui lui permettront d'équiper les voitures. Pour le bien de la patrie, de nombreux bienfaiteurs répondent présent ! En octobre 1914, Marie dispose de dix-huit voitures équipées d'un appareil de radiographie. Conduite par son chauffeur et accompagnée d'un technicien, elle parcourt le nord de la France pour porter secours aux blessés. Parce qu'elle est une

---

3. **Béclère** : suite à la découverte des rayons X par le physicien Röngten en 1896, Antoine Béclère est le premier à entrevoir les possibilités de leur application en médecine. Il est le pionnier de la radiologie médicale.

4. **Croix-Rouge** : lors de la Première Guerre mondiale, la Croix-Rouge française aide l'Armée à soigner les malades et les blessés militaires.

femme, elle se heurte⁵ parfois aux réticences des chefs militaires, mais Marie est une battante et elle met toute son énergie à vaincre les résistances.

Âgée de dix-sept ans, Irène souhaite aussi se rendre utile. Elle insiste auprès de sa mère pour la rejoindre. Marie accepte car elle est sûre que sa fille sera une excellente assistante ! Au péril de leur vie, toutes deux se rendent sur le front pour radiographier les blessés, inconscientes des dangers liés à la surexposition aux rayons X.

Très vite, les radiographies deviennent indispensables aux chirurgiens. Il est nécessaire de former du personnel pour manipuler les appareils. L'hôpital Édith-Cavell de Paris assure les cours d'anatomie et de médecine, tandis que Marie ceux de radiologie pratique, auprès de l'Institut du Radium. Aidée par Irène, qui se révèle être une aussi bonne pédagogue qu'elle, elle forme plus de 150 manipulatrices radio. En marge de cette formation, Marie développe l'exploitation médicale du radium. Elle met au point une technique pour recueillir dans des ampoules⁶ le radon, un gaz radioactif émis par le radium. De la même façon que la « curiethérapie » soigne les tumeurs en brûlant les tissus cancéreux, le radon désinfecte les plaies des blessés. Ces ampoules sont très demandées par les hôpitaux.

La guerre se poursuit longtemps et les postes radiologiques augmentent. Infatigable, Marie effectue de nombreux voyages dans les hôpitaux pour l'instruction du personnel et n'hésite pas à sauter dans une voiture radiologique dès qu'il y a une urgence.

5. **se heurter** : s'opposer fortement à quelqu'un.

6. **une ampoule** :

Désormais, ces véhicules, qu'on appelle affectueusement « petites Curies », sont indispensables au front.

Les combats cessent avec la signature de l'armistice le 11 novembre 1918. Partout, les cloches sonnent, pour annoncer la fin d'une guerre qui a fait plus de 10 millions de morts. La radiologie a permis de secourir plus d'un million de soldats. L'utilité de cette innovation n'est plus à démontrer. Marie, qui a fait elle-même l'examen radiologique de plus de 1000 blessés, sort de la guerre profondément marquée : « *Je ne pourrai jamais oublier l'impression horrible que m'a faite toute cette destruction de la vie et de la santé humaines. Pour haïr l'idée même de la guerre, il suffirait de voir une seule fois ce que j'ai vu si souvent, pendant toutes ces années : des hommes, des jeunes gens amenés aux ambulances du front dans un mélange de boue et de sang, un grand nombre mourant de leurs blessures, beaucoup d'autres ne se remettant que très lentement, après des mois de douleurs et de souffrances* ».

Après la lecture

Compréhension écrite et orale

1 **DELF** Écoutez et lisez le chapitre, puis cochez la ou les bonne(s) réponse(s).

1 Fin juillet 1914, qu'est-ce qui ne va pas tarder à ouvrir ses portes ?

   a ☐ L'Institut Pasteur.

   b ☐ L'Université de Paris.

   c ☐ L'Institut du Radium.

2 Qu'est-ce qui en empêche l'inauguration ?

   a ☐ Le docteur Claudius Régaud.

   b ☐ Le président de la République.

   c ☐ La guerre.

3 De quelle façon Marie entend-elle s'engager ?

   a ☐ En installant des appareils radiologiques dans les hôpitaux de guerre.

   b ☐ En participant aux combats.

   c ☐ En écrivant à ses collaborateurs.

4 Sur le front, qui devient l'assistante de Marie à bord du service radiologique ambulant ?

   a ☐ Sa fille Ève.

   b ☐ Sa fille Irène.

   c ☐ Une amie.

5 Que fait Marie pour faire face à la demande croissante de radiographies sur le front ?

   a ☐ Elle écrit des livres destinés aux manipulatrices radio.

   b ☐ Elle donne de l'argent aux hôpitaux.

   c ☐ Elle forme des manipulatrices radio.

Enrichissez votre vocabulaire

2 Relisez le chapitre et retrouvez le contraire des mots ci-dessous.

1 patiente ≠ ....

2 ancien ≠ ....

3 fin ≠ ....

4 bondé ≠ ....

5 insouciante ≠............................

6 inutile ≠ ....

7 interdiction ≠ ....

8 près ≠ ....

Grammaire

Le gérondif

Le gérondif est un mode verbal invariable. Il se construit en faisant précéder le **participe présent** du verbe (formes en **-ant**) de la préposition **en**.

*La « curiethérapie » soigne les tumeur **en brûlant** les tissus cancéreux.*

On emploie le gérondif pour exprimer :

• la simultanéité de deux actions ;
• la cause ;
• la manière ou le moyen ;
• la condition.

3 Réécrivez ces phrases en utilisant un gérondif.

1 Elle écrit à ses filles et tente de les rassurer.

....

2 Elle prend des nouvelles de son entourage et écrit de nombreuses lettres.

....

3 Si elle va sur le front, elle risque d'être blessée.

....

Production écrite et orale

4 DELF Vous êtes-vous déjà engagés pour une cause ? Détaillez votre engagement dans un bref exposé oral de deux minutes environ.

5 DELF Vous êtes journaliste pendant la Grande Guerre. Votre rédacteur en chef vous demande d'écrire un article sur l'inlassable travail de Marie et sa fille à bord des « petites Curies ». Rédigez un article de 160 à 180 mots.

La légende Curie en marche

(1919–1922)

piste 09

Non seulement son pays d'adoption est sorti vainqueur de la guerre, mais aussi sa chère Pologne, qui est devenue à nouveau indépendante. Marie, qui a désormais cinquante-et-un ans, retrouve son appartement quai de Béthune et reprend une vie normale à Paris, avec ses filles. Irène est résolue à poursuivre sa carrière scientifique auprès de sa mère, tandis qu'Ève prépare son baccalauréat et se passionne de plus en plus pour le piano. Marie adore ses filles. S'il était là, Pierre serait si fier d'elles !

Dès 1919, elle reprend l'aménagement de son laboratoire, aidée par Irène. Bientôt, les soldats seront démobilisés et l'activité de l'Institut du Radium pourra enfin commencer. En attendant, elle écrit un livre sur l'utilisation de la radiologie en temps de guerre et reprend ses cours à la Sorbonne. Peu à peu, ses collaborateurs commencent à revenir et Marie se replonge dans ses recherches. Entourée d'une belle équipe de chercheurs, elle commence de nouvelles expériences dans le « pavillon Curie ». Parallèlement, son collègue Claudius Régaud oriente son travail sur le traitement du cancer par les rayonnements. L'Institut du Radium ne tarde pas à devenir un centre de référence de l'étude de la radioactivité. Des étudiants du monde entier viennent étudier au laboratoire, accueillis en personne par la très célèbre Mme Curie. Marie est également très sollicitée pour des cours et des conférences, en France comme à l'étranger. Elle est invitée partout et tout le monde s'arrache l'honneur de la recevoir.

Dernièrement, le travail s'intensifie au laboratoire et Marie a besoin de moyens pour développer ses recherches. Elle met à disposition le radium qu'elle a produit avant la guerre, mais il lui faudrait s'en procurer d'autre. Cependant, c'est un produit extrêmement cher et rare car les industries du radium ont disparu. De plus, les ressources et les financements publics manquent cruellement. Après la guerre, le pays est ruiné et la priorité est à la reconstruction, non pas à la science. Conscients de l'extraordinaire potentiel thérapeutique des rayons, Marie et Claudius unissent leurs forces pour obtenir des moyens supplémentaires. De son côté, Marie n'hésite pas à se servir de sa célébrité pour arriver à ses fins. Grâce à une généreuse donation du docteur Henri de Rothschild, la Fondation Curie, baptisée ainsi en hommage à Pierre, voit le jour en 1920. Cette fondation permet de financer les activités de l'Institut du Radium et de développer l'activité médicale. La lutte contre le cancer est en marche !

Malgré son enthousiasme, Marie se sent très fatiguée. Sa santé

est de plus en plus fragile et ses examens du sang ne sont pas bons du tout. Dès qu'elle le peut, elle se repose à l'Arcouëst, un coin de côte sauvage de la Bretagne. Elle aime cette maison de vacances où la rejoignent bien souvent ses collègues de la Sorbonne.

Un matin, Marie est occupée dans le jardin de l'Institut : avant de s'enfermer dans son laboratoire, elle aime prendre soin de ses rosiers et de ses fleurs. Soudain, une petite dame brune s'approche d'elle et la salue chaleureusement. Marie est intriguée par son accent américain et son curieux costume d'homme.

— Bonjour ! Que puis-je pour vous, Madame… ?

— Madame Meloney. Enchantée ! Je suis une journaliste américaine. Puis-je m'entretenir avec vous quelques minutes ?

— Hmm.

Marie n'aime pas trop les journalistes. Cependant, elle doit reconnaître que cette Mme Meloney a l'air plutôt sympathique.

— Vous savez, les Américains s'intéressent beaucoup à votre œuvre.

— Voyez-vous, je fais face à de grandes difficultés pour continuer mes travaux. Le radium est devenu introuvable ici.

— Mais les États-Unis en possèdent énormément, j'ai en vu dans les usines de Pennsylvanie !

— Un seul gramme de radium me suffirait, mais c'est tout à fait hors de prix et l'Institut manque d'argent.

— Je suis sûre que certains de mes compatriotes aimeraient beaucoup vous aider. Laissez-moi faire, Mme Curie !

Incrédule, Marie reprend le cours de ses activités habituelles sans plus trop penser à cette rencontre. Elle ne se doute[1]

---

1. **se douter** : avoir l'idée de quelque chose, le soupçonner.

absolument pas que Mme Meloney est une personnalité très influente Outre-Atlantique.

Quelques semaines plus tard, assise à son bureau, elle ouvre son courrier et tombe sur une lettre de la journaliste. Marie doit la relire plusieurs fois pour être sûre de ne pas rêver : Mme Meloney est arrivée à lui procurer un gramme de radium et elle lui demande de venir le chercher aux États-Unis ! Incroyable mais vrai, la journaliste a organisé à travers le pays une gigantesque campagne d'appel aux dons, auprès des femmes américaines. Cette campagne lui a permis de récolter l'argent nécessaire à l'achat d'un gramme de radium. Marie est enchantée de cette aide inespérée, son Institut va enfin pouvoir décoller[2].

— Quel cadeau magnifique ! C'est un don du ciel formidable. Cette femme doit être mon ange !

Au printemps 1921, Marie embarque avec ses filles sur le paquebot *Olympic* en direction de New York. Ce voyage lointain l'inquiète beaucoup car Mme Meloney a prévu une tournée officielle à travers tout le pays.

— Vous verrez Mme Curie, les Américains sont très accueillants ! Et puis on vous admire tellement !

En effet, Marie devra donner des conférences dans plusieurs universités, visiter des usines de radium, des laboratoires, et rencontrer ses bienfaiteurs lors de réceptions en son honneur. Elle appréhende[3] toutes ces mondanités, d'autant plus que Mme Meloney lui a parlé d'une petite surprise !

— Oh là là, regarde maman le monde qu'il y a sur les quais !

---

2. **décoller** : entrer dans une phase de développement.
3. **appréhender** : craindre, redouter.

On aperçoit au loin une foule immense qui salue, agitant des drapeaux français et polonais. Irène et Ève comprennent, non sans émotion, que cet accueil digne d'un chef d'État est réservé à leur mère.

— Dis donc, ce n'est pas à Paris que tu es reçue comme ça...
— Il y a même des photographes ! Souris maman !

Pendant sept semaines, Marie sillonne[4] les États-Unis. Considérée comme une icône de la science, elle est accueillie triomphalement partout où elle se rend. Le clou de cette tournée américaine est la surprise que lui a promis Mme Meloney : le gramme de radium offert par les femmes américaines lui est solennellement remis par le président des États-Unis, lors d'une grandiose cérémonie à la Maison-Blanche[5]. Marie est très émue :

« *Je ne puis exprimer l'émotion qui m'étreint le cœur en ce moment. Vous, le chef de cette grande république des États-Unis, vous m'honorez comme aucune femme ne l'a jamais été en Amérique à ce jour* ».

Elle ne s'attendait pas à une telle mobilisation pour l'aider dans ses recherches. Elle rentre en France avec un sentiment d'immense gratitude envers les États-Unis :

« *Mes amis américains, je vous apprécie tous beaucoup* ».

Dès son retour, elle travaille inlassablement à son laboratoire. Marie est une excellente directrice et elle est très appréciée par les physiciens et les étudiants-chercheurs qui l'entourent. Forte de son expérience américaine, elle mobilise avec maestria les soutiens dont elle a besoin pour la Fondation Curie, en pleine

---

4. **sillonner** : parcourir un lieu en tous sens.
5. **Maison-Blanche** : résidence officielle et bureau du président des États-Unis. Elle est située à Washington.

expansion. Bien sûr, cela lui coûte de s'impliquer personnellement, mais si son éminente réputation peut servir à enrichir la science, autant le faire pense-t-elle !

Elle se consacre aussi à la coopération scientifique. En 1922, elle accepte de faire partie d'une Commission internationale pour la coopération intellectuelle, créée par la Société des Nations[6]. Comme son ami Albert Einstein, elle entrevoit dans cette organisation « *un espoir pour l'avenir* ». Ainsi, elle collabore volontiers à chaque session de la Commission, où elle retrouve d'illustres représentants de la culture et des sciences du monde entier. Il est primordial pour elle que les sociétés encouragent l'étude des sciences.

Cette même année, à sa grande surprise, elle est élue membre de l'Académie de médecine, alors qu'elle n'était même pas candidate. L'Académie est reconnaissante du développement de la « curiethérapie ». Marie est la première femme admise à l'Académie. Un honneur de plus !

---

6. **Société des Nations** : organisation internationale créée au lendemain de la Grande Guerre, dont le but est le maintien de la paix mondiale et la coopération entre les peuples.

Après la lecture

Compréhension écrite et orale

1 DELF Écoutez et lisez le chapitre, puis remettez les phrases ci-dessous dans l'ordre chronologique de l'histoire.

piste 09

a ☐ La lutte contre le cancer est en marche !

b ☐ Madame Meloney informe Marie qu'elle est arrivée à lui procurer un gramme de radium.

c ☐ La tournée américaine de Marie est un grand succès.

d ☐ Marie est élue membre de l'Académie de médecine.

e ☐ Peu à peu, l'Institut du Radium est réinvesti par Marie et ses équipes.

f ☐ Marie se rend aux États-Unis pour aller chercher son gramme de radium.

g ☐ Marie et son collègue Claudius Régaud se mobilisent pour trouver des fonds.

h ☐ Après la guerre, Marie reprend une vie normale à Paris, avec ses filles.

i ☐ Madame Meloney, une journaliste américaine, vient rendre visite à Marie.

Enrichissez votre vocabulaire

2 Associez chaque mot à l'image correspondante.

a ☐ un rosier   **d** ☐ un paquebot

b ☐ un costume   **e** ☐ un drapeau

c ☐ une usine   **f** ☐ un photographe

1 ☐

2 ☐

3 ☐

4 ☐

5 ☐

6 ☐

Grammaire

L'expression de l'hypothèse et de la condition avec *si*

Types d'hypothèses	Temps employés		Exemples
	Phrase subordonnée	Phrase principale	
réelle au présent ou au futur (= le fait est possible et peut se réaliser dans l'avenir)	*Si* + présent	• impératif	*Si* tu **vois** Mme Meloney, **remercie**-la de ma part !
		• présent	*Si* cela **permet** d'encourager l'étude des sciences, je **participe** à la Commission.
		• futur simple	*Si* tu **viens** à la Fondation, on se **verra**.
irréelle au présent (= la condition est difficile à réaliser car éloignée de la réalité du présent)	*Si* + imparfait	• conditionnel présent	*Si* Marie **osait** demander, elle **obtiendrait** encore plus.
irréelle au passé (= la condition est impossible car non réalisée dans le passé)	*Si* + plus-que-parfait	• conditionnel passé	*Si* Marie **avait vécu** aux États-Unis, elle **aurait pu** développer davantage ses recherches.

3 Associez une phrase principale à chaque subordonnée pour former des hypothèses.

1 ☐ S'il était là,

2 ☐ Si tu vas à l'Arcouëst,

3 ☐ Si Marie avait su,

4 ☐ Si Irène continue ainsi,

a elle serait venue aux États-Unis bien avant !

b repose-toi !

c elle deviendra une brillante scientifique.

d Pierre serait si fier de ses filles !

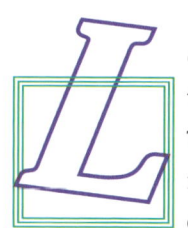

Ses dernières années

(1923-1934)

piste 10

es dernières années de Marie sont des années de travail mais aussi d'épanouissement personnel. Toujours autant sollicitée, elle voyage dans de nombreux pays. Conférencière de prestige, il faut dire qu'elle est intarissable[1] sur le radium ! En novembre 1924, un nouveau collaborateur, Frédéric Joliot, fait son entrée dans son laboratoire. Il vient de terminer ses études d'ingénieur à l'École supérieure de Physique et Chimie de Paris. C'est Paul Langevin qui lui a parlé de ce brillant élève, passionné de physique. Confortée par cette recommandation, Marie fait de lui son préparateur particulier. Le timide Joliot, qui admire Mme Curie depuis des années, est honoré de pouvoir travailler à ses

---

1.   **intarissable** : qui parle sans jamais se lasser.

côtés. Il se révèle être un expérimentateur très doué, cependant il ne connaît presque rien à la radioactivité.

— Irène, tu t'occuperas d'initier[2] M. Joliot aux activités de notre laboratoire.

— Mais, maman, je dois me concentrer sur ma thèse de doctorat !

— Dès que tu le verras, je suis sûre que tu seras ravie de lui apprendre les rudiments[3] de la radioactivité.

En effet, Frédéric est un très beau garçon, souriant et séducteur. Irène, d'un naturel pourtant froid et réservé, ne tarde pas à apprécier les contacts quotidiens avec lui et les longues heures passées ensemble au laboratoire. Très vite, des liens se tissent entre eux et Irène annonce à sa mère qu'elle et Frédéric sont fiancés ! C'est vrai qu'ils sont très différents, mais Marie connaît bien l'amour fusionnel qui peut naître entre deux scientifiques passionnés. En les regardant faire au laboratoire, elle voit en eux la même complicité qu'entre elle et Pierre autrefois.

En 1926, Irène et Frédéric décident de se marier. Fred, comme on l'appelle, fait désormais partie de la famille Curie. En 1927, à soixante ans, Marie devient grand-mère d'une petite Hélène. Elle est enchantée : « *il est si émouvant de voir évoluer ce petit être* ». Marie est très attentionnée envers sa petite fille. Souvent, elle sort de l'Institut du Radium et va se promener avec elle au jardin du Luxembourg, tout proche. Elle est comblée[4] par sa famille. D'un côté, Irène se montre prête à assurer sa relève à l'Institut du Radium, de l'autre, Ève, qui vient d'avoir son baccalauréat, commence sa carrière en tant que pianiste. Chaque année, les vacances d'été à l'Arcouëst sont l'occasion de joyeuses retrouvailles, tous ensemble.

---

2. **initier** : apprendre à quelqu'un les bases.
3. **un rudiment** : notion élémentaire.
4. **être comblé** : être heureux, pleinement satisfait.

En 1929, Marie se rend aux États-Unis une seconde fois. Toujours très populaire là-bas, elle reçoit un nouveau gramme de radium des mains du Président. Ce radium lui servira pour un projet qui lui tient vraiment à cœur : la création de l'Institut du Radium à Varsovie. Toujours très liée à sa Pologne natale, Marie souhaite encourager la science dans son pays d'origine. Elle a confié à sa sœur Bronia la supervision des travaux. L'Institut sera inauguré en mai 1932, c'est la dernière fois que Marie reverra sa Pologne.

En novembre de cette même année, elle donne à sa sœur d'inquiétantes nouvelles : « *Mes plus grands ennuis viennent de mes yeux et de mes oreilles. [...] Je m'en inquiète beaucoup : mon travail peut être entravé* [5] *— ou même devenir impossible. Peut-être le radium est-il pour quelque chose dans ces troubles, mais on ne saurait l'affirmer avec certitude* ». L'état de santé de Marie s'aggrave et désormais les ravages [6] du radium sur son corps sont évidents, bien qu'elle ne veuille pas l'admettre. Elle demande à sa sœur de ne rien dire à personne car elle ne souhaite pas que cette rumeur se répande.

Quotidiennement, elle continue d'aller à son laboratoire. Parfois, trop affaiblie, elle est obligée de rester chez elle, où elle écrit des ouvrages scientifiques. Les récents travaux qu'effectuent ensemble Irène et Frédéric l'intéressent particulièrement. Elle a le pressentiment qu'ils vont découvrir quelque chose de fabuleux. Effectivement, en 1934, le couple découvre la radioactivité artificielle ! Plus tard, Frédéric écrira : « *Marie Curie a été le témoin de nos recherches et je n'oublierai jamais l'expression de joie intense qui s'est emparée d'elle lorsqu'Irène et moi lui avons montré dans un petit tube en verre le premier radioélément artificiel* ».

---

5. **entraver** : ralentir, empêcher une action de se faire, de se réaliser.
6. **un ravage** : effet désastreux.

Quelques mois plus tard, Marie est hospitalisée à Paris dans un état grave. Ses filles font venir d'urgence les plus grands médecins auprès d'elle. Elle ne souffre d'aucune maladie apparente, pourtant, elle va très mal. Sa fièvre ne baisse plus et elle est de plus en plus pâle. Déconcertés [7], les médecins pensent à la tuberculose et lui proposent un séjour au sanatorium à la montagne. L'air pur l'aidera sûrement à se rétablir. En mai 1934, Ève l'accompagne au sanatorium de Sancellemoz en Haute-Savoie. Les examens du sang sont catastrophiques et révèlent que les poumons ne sont pas en cause. On lui diagnostique alors une anémie pernicieuse foudroyante [8]. Marie s'accroche à la vie mais désormais il n'y a plus rien à faire. Début juillet, Irène rejoint Ève auprès de leur mère. Tristes, elles serrent fort les mains glacées de Marie qui s'éteint peu à peu. Le 4 juillet 1934, on annonce la mort de Mme Marie Curie.

---

7. **déconcerter** : troubler.
8. **anémie pernicieuse foudroyante** : leucémie due à une longue exposition au radium et aux rayons X.

Après la lecture

Compréhension écrite et orale

piste 10

1 **DELF** Écoutez et lisez le chapitre, puis soulignez l'option correcte.

1 Marie fait de Fréderic Joliot son *préparateur / élève* particulier.

2 Irène est chargée par sa mère d'initier *Ève Curie / Fréderic Joliot* à la radioactivité.

3 Irène et Fréderic *tombent amoureux / se détestent*.

4 Un autre Institut du Radium ouvre ses portes en 1932 à *Paris / Varsovie*.

5 En 1932, l'état de santé de Marie *s'améliore / s'aggrave*.

6 Marie meurt *d'une leucémie / de la tuberculose*.

2 Associez un fait à chaque personnage.

1 ☐ Marie Curie

2 ☐ Paul Langevin

3 ☐ Irène Curie

4 ☐ Ève Curie

5 ☐ Fréderic Joliot

6 ☐ Hélène Joliot

7 ☐ Bronia

a Elle se promène avec sa grand-mère au jardin du Luxembourg.

b Elle débute une carrière de pianiste.

c Il découvre avec sa femme la radioactivité artificielle.

d Elle suit les travaux de l'Institut du Radium à Varsovie.

e Il conseille à Marie un nouveau collaborateur.

f Elle voyage beaucoup.

g Elle poursuit des travaux sur la radioactivité.

Enrichissez votre vocabulaire

3 DELF Choisissez le synonyme des mots soulignés.

1 D'épanouissement personnel.
   a ☐ Plénitude.   b ☐ Notoriété.   c ☐ Déclin.

2 Confortée par cette recommandation.
   a ☐ Condamnation.   b ☐ Conseil.   c ☐ Ordre.

3 Un expérimentateur très doué.
   a ☐ Brillant.   b ☐ Dépourvu.   c ☐ Important.

4 D'un naturel pourtant froid.
   a ☐ Sensible.   b ☐ Chaleureux.   c ☐ Impassible.

5 Marie est très attentionnée.
   a ☐ Gentille.   b ☐ Indifférente.   c ☐ Désagréable.

6 Toujours très populaire.
   a ☐ Puissante.   b ☐ Célèbre.   c ☐ Large.

7 La supervision des travaux.
   a ☐ Contrôle.   b ☐ Sondage.   c ☐ Finition.

8 Elle a le pressentiment.
   a ☐ Oppression.   b ☐ Intuition.   c ☐ Certitude.

9 Les mains glacées.
   a ☐ Froides.   b ☐ Maigres.   c ☐ Grandes.

4 Associez chaque verbe à sa signification.

1 ☐ Se révéler   a Mourir.
2 ☐ Tisser   b Être inclus.
3 ☐ Regarder faire   c Favoriser, aider.
4 ☐ Faire partie   d Apparaître en tant que tel.
5 ☐ Assurer   e Résister.
6 ☐ Encourager   f Établir des liens entre des personnes.
7 ☐ S'accrocher   g Assister en observateur.
8 ☐ S'éteindre   h Garantir.

Grammaire

La mise en relief

La mise en relief permet de mettre en valeur une information.

On emploie **c'est** + information + **qui** / **que** / **dont**.

C'est de la radioactivité **que** *Marie parle le mieux.*

5 Transformez les phrases en mettant en valeur les éléments soulignés.

1 Elle est revenue une seconde fois <u>aux États-Unis</u>.

    ....

2 Marie aurait besoin <u>d'un autre gramme de radium</u>.

    ....

3 Elle est devenue grand-mère <u>à soixante ans</u>.

    ....

4 <u>Elle</u> a demandé à Bronia de se taire.

    ....

5 Marie est arrivée au sanatorium <u>dans un état critique</u>.

    ....

Production écrite et orale

6 À l'oral, imaginez ce que les journaux du monde entier ont titré suite au décès de Marie Curie.

7 DELF La célèbre scientifique Marie Curie donnera une conférence dans votre université. On vous charge de rédiger la présentation de l'événement en insistant sur le prestige de la conférencière. Écrivez un texte de 160 à 180 mots.

Projet Internet

8 Savez-vous que l'Institut du Radium est devenu aujourd'hui le Musée Curie ?

1 Cherchez sur Internet des informations complémentaires sur le musée : visite des lieux, expositions temporaires et permanentes, archives, etc.

2 Laquelle de ces informations vous semble la plus intéressante ?

D'autres femmes de science

Femme d'exception, deux fois prix Nobel, Marie Curie est sans aucun doute la scientifique la plus connue au monde. Comme elle, d'autres femmes ont aussi révolutionné la science et inspiré de multiples générations.

Irène Joliot-Curie (1897-1956)

Éclipsée par la célébrité de ses propres parents, Irène Joliot-Curie n'en reste pas moins une scientifique remarquable. Elle découvre avec son mari, Frédéric Joliot, la radioactivité artificielle et reçoit avec lui le prix Nobel de chimie. Pionnière de la radioactivité, comme sa mère, ses recherches ont ouvert la voie à la physique nucléaire.

Rita Levi-Montalcini (1909-2012)

La célèbre neurologue italienne a marqué l'histoire de la médecine avec ses découvertes révolutionnaires sur les neurones, qui ont permis de faire d'énormes progrès dans l'étude des maladies cérébrales. Durant sa longue carrière scientifique, couronnée par les plus hautes

distinctions (par exemple, le prix Nobel, le prix Max Weinstein, les licences *honoris causa*, etc.), Rita Levi-Montalcini s'est souvent illustrée par son engagement social.

Vera Rubin (1928-2016)

L'astrophysicienne américaine Vera Rubin a mis en évidence l'un des plus grands mystères de l'Univers, à savoir la matière invisible dans

les galaxies, appelée « matière noire ». Féministe avant l'heure, c'est une des rares femmes à s'imposer dans le monde de l'astronomie. Ses observations des galaxies ont révolutionné notre compréhension du monde.

Jane Goodall (n. 1934)

Jane Goodall est une primatologue britannique, mondialement connue pour son travail en immersion auprès des chimpanzés. Infatigable activiste, elle se bat pour la protection de l'environnement et le bien-être animal.

Samantha Cristoforetti (n. 1977)

Astronaute et pilote de chasse de l'armée de l'air italienne, Samantha Cristoforetti détient le record du plus long séjour dans l'espace. Durant six mois et demi, elle a partagé sur les réseaux sociaux son aventure et a mis le quotidien dans l'espace à la portée de tous.

Compréhension écrite

1 Lisez le dossier, puis répondez aux questions suivantes.

1 Sur quoi ont travaillé aussi bien Marie Curie que sa fille Irène ?
....

2 À quoi les travaux d'Irène Joliot-Curie ont-ils ouvert la voie ?
....

3 Dans quelle discipline scientifique Rita Levi-Montalcini s'est-elle illustrée ?
....

4 Qu'est-ce qu'a mis en évidence Vera Rubin ?
....

5 Quel est le métier de Jane Goodall ?
....

6 Qu'est-ce que Samantha Cristoforetti a fait découvrir au grand public ?
....

2 Relisez attentivement le dossier, puis associez à chaque scientifique sa caractéristique.

1 ☐ Irène Joliot-Curie   **a** Divulgatrice.

2 ☐ Rita Levi-Montalcini   **b** Activiste.

3 ☐ Vera Rubin   **c** Engagée.

4 ☐ Jane Goodall   **d** Féministe.

5 ☐ Samantha Cristoforetti   **e** Pionnière.

3 Retrouvez dans la grille ci-dessous les noms de famille des cinq célèbres femmes scientifiques du dossier.

```
K O L C M O N C U R I R I N J
A B E U L A R D G S F D A N O
U I U G V M O L R U N T V A L
L E V I - M O N T A L C I N I
E K C L R E G O T U I L L A O
O M O N D I N E L A T P I N T
C R I S T O F O R E T T I A -
A N B A L N R U B O T C O P C
L T E N P E Z O O N E B I L U
L A R O U R J A I N Q O B N R
I L T S D A G O O D A L L W I
A C R U B I N M E I T N O R E
```

1 Remettez les dessins dans l'ordre chronologique de l'histoire, puis décrivez-les à l'aide d'une phrase.

A

B

C

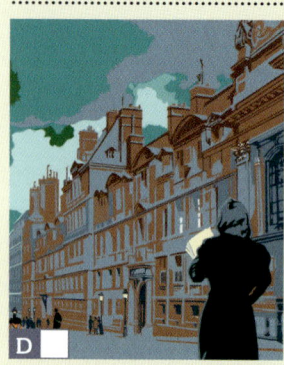

D

E

F

G

H

I

2 Parmi les noms ci-dessous, retrouvez le personnage qui s'exprime et expliquez la situation.

> Pierre Curie   L'agent de ville   Bronia
> La foule hostile   Marie Curie (x 4)   Le président du jury

	Personnage	Situation
1 « Ma chère Maria, dès l'an prochain tu pourras me rejoindre à Paris et t'installer chez nous. »		
2 « Première, Marie Sklodowska. »		
3 « Ne vaudrait-il pas mieux que vous restiez avec moi ? »		
4 « Je ne supporte plus cette pression ! Comme j'aimerais pouvoir me cacher sous terre pour avoir la paix... »		
5 « Mon Dieu, il s'agit de Pierre Curie, le célèbre scientifique ! »		
6 « Dehors l'étrangère ! À bas la voleuse de maris ! »		
7 « C'est un service radiologique ambulant qu'il faudrait ! »		
8 « Mes amis américains, je vous apprécie tous beaucoup. »		
9 « Peut-être le radium est-il pour quelque chose dans ces troubles. »		

3 Cochez la ou les affirmation(s) correcte(s) concernant Marie Curie.

1 ☐ C'est une brillante scientifique.

2 ☐ Elle épouse Paul Langevin.

3 ☐ L'Institut du Radium était le rêve commun d'elle et Pierre.

4 ☐ Elle se brouille avec Albert Einstein.

5 ☐ C'est la spécialiste du radium, elle est intarissable à ce sujet.

6 ☐ Elle n'a pas élevé ses filles.

7 ☐ Elle s'est activement engagée pendant la Première Guerre mondiale.

8 ☐ Elle était très avide et faisait breveter toutes ses découvertes.

9 ☐ Elle s'est toujours battue pour obtenir plus de moyens pour la science.

4 DELF Répondez aux questions.

1 Pourquoi Marie est-elle allée étudier en France ?

....

2 Quels sont les quatre diplômes obtenus par Marie ?

....

3 Quel phénomène, découvert par Henri Becquerel, Marie et Pierre Curie ont-ils étudié et approfondi ?

....

4 Après ses études, quels métiers Marie Curie a-t-elle exercés ?

....

5 Quels sont les primats de Marie Curie en tant que femme ?

....

5 Complétez les mots-croisés à l'aide des définitions.

1 Endroit où Marie passe le plus clair de son temps.

2 Nom de jeune fille de Marie Curie.

3 Pays d'origine de Marie Curie.

4 Surnom donné aux voitures radiologiques mises en place par Marie Curie sur le front pendant la Grande Guerre.

5 Émission de rayonnements spontanés par certains éléments chimiques tels que l'uranium ou le radium.

6 Minéral radioactif dont on extrait le radium.

7 Passion de Marie Curie.

8 Prestigieuse récompense reçue deux fois par Marie Curie.

9 Prénom de la première fille de Marie Curie.

10 Prénom de la deuxième fille de Marie Curie.

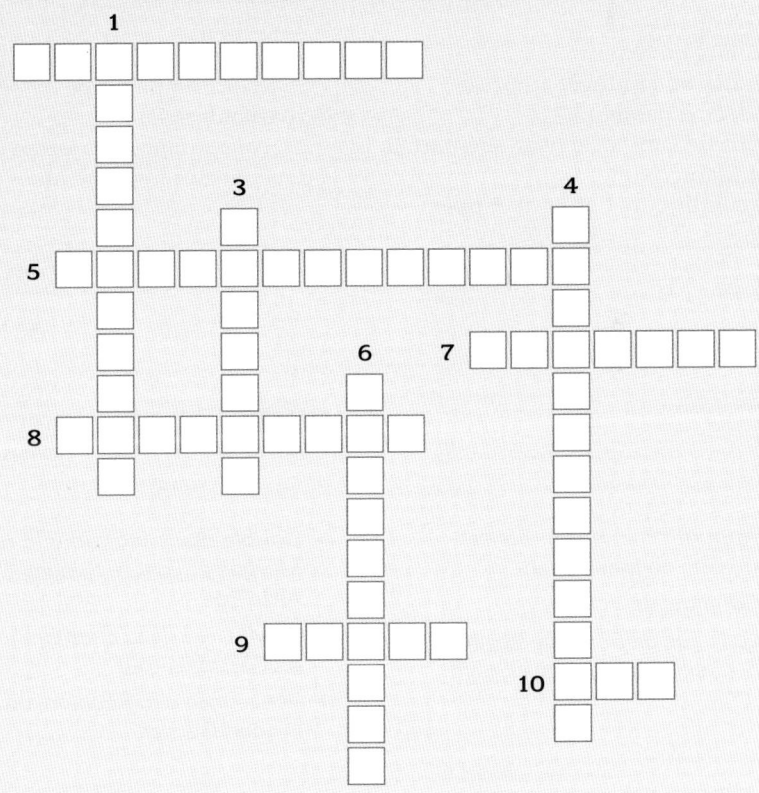

Les structures grammaticales employées dans les lectures graduées sont adaptées à chaque niveau de difficulté. Tu peux trouver sur notre site Internet, blackcat-cideb.com, la liste complète des structures utilisées dans la collection.

L'objectif est de permettre au lecteur une approche progressive de la langue étrangère, un maniement plus sûr du lexique et des structures grâce à une lecture guidée et à des exercices qui reprennent les points de grammaire essentiels.

Cette collection de lectures se base sur des standards lexicaux et grammaticaux reconnus au niveau international.

Niveau Trois B1

Les pronoms personnels groupés
Les pronoms relatifs simples (*où/dont*) et composés
La mise en relief
Le discours indirect au passé
La forme passive
Le passé simple, le plus-que-parfait, le futur antérieur
Le conditionnel présent et passé

Le subjonctif (identification)
Le passé récent
L'infinitif
Le gérondif
L'accord du participe passé (particularités)
La concordance des temps
Les phrases hypothétiques complexes

Niveau Trois
Si tu as aimé cette lecture, tu peux essayer aussi...

- *Apparition et autres contes*, de Guy de Maupassant
- *Candide*, de Voltaire
- *La Fugue de Bach*, de Régine Boutégège et Susanna Longo

Niveau Quatre
... ou tu peux choisir un titre du niveau suivant !

- *Double assassinat dans la rue Morgue et La lettre volée*, d'Edgar Allan Poe
- *Le Mystère de la chambre jaune*, de Gaston Leroux
- *Vengeance à la Réunion*, de Nicolas Gerrier